知·新
INSIGHTS

俄罗斯艾尔米塔什博物馆

Hermitage Museum Russia

梅辰 著

广西师范大学出版社
GUANGXI NORMAL UNIVERSITY PRESS
·桂林·

俄罗斯艾尔米塔什博物馆
ELUOSI　AIERMITASHI　BOWUGUAN

图书在版编目（CIP）数据

俄罗斯艾尔米塔什博物馆 / 梅辰著. -- 桂林：广西师范大学出版社，2023.11
（走遍世界博物馆）
ISBN 978-7-5598-6430-7

Ⅰ. ①俄… Ⅱ. ①梅… Ⅲ. ①博物馆－历史文物－介绍－俄罗斯 Ⅳ. ①K885.12

中国国家版本馆 CIP 数据核字（2023）第 188027 号

广西师范大学出版社出版发行

（广西桂林市五里店路 9 号　邮政编码：541004）
网址：http://www.bbtpress.com
出版人：黄轩庄
全国新华书店经销
广西广大印务有限责任公司印刷
（桂林市临桂区秧塘工业园西城大道北侧广西师范大学出版社集团有限公司创意产业园内　邮政编码：541199）
开本：787 mm × 1 000 mm　1/16
印张：24　　　字数：400 千
2023 年 11 月第 1 版　　2023 年 11 月第 1 次印刷
定价：128.00 元

如发现印装质量问题，影响阅读，请与出版社发行部门联系调换。

目 录
CONTENTS

前言 /006

俄罗斯简史："战斗民族"的前世今生 /008

艾尔米塔什博物馆简史 /030

艾尔米塔什博物馆简介 /040

一、入场 /054

  世界豪梯之最：冬宫博物馆的约旦大使楼梯 /055

二、装饰篇 /075

  光芒璀璨的冬宫博物馆奢华灯具 /076

  冬宫地板有讲究，天地之间有呼应 /094

  俄罗斯皇宫有多豪！你用宝石做项链，它拿宝石铺桌面 /099

走遍欧洲不用愁，凭这三样，秒懂欧洲建筑	/113
俄罗斯皇宫有多豪！以黄金全方位、无死角装饰整座宫殿大厅	/128

三、历史篇　　　　　　　　　　　　　　　　　　　　/140

彼得大帝亲手盖的宫殿，屋顶仅比他高半米	/141
这件浮雕告诉你，西方人为什么不喜欢龙	/151
这间金碧辉煌的展厅，在一战时曾是住满了伤员的病房	/155
柴可夫斯基、普希金纷纷为这座长廊作曲作诗，长廊中有什么？	/160
冬宫中预留了八位元帅挂画像的位置，至今仅六人符合条件	/169
俄罗斯历史上最伟大的民族英雄，其银棺差点被熔化换钱	/173
冬宫大教堂，俄罗斯皇宫中最富丽堂皇的殿堂	/178

四、艺术篇　　　　　　　　　　　　　　　　　　　　/186

伦勃朗名画被泼硫酸，毁坏者却理直气壮：它"黄"不忍睹　　/187

凡·高的画为什么能出圈？只因他解锁了看世界的新姿势　　/209

"暖男"毕加索，一心为观众着想的画家　　　　　　　　　/239

马蒂斯的这些"儿童画"为何是名画？它好在哪里？　　　　/248

冬宫博馆藏名家名画，串联出一部欧洲绘画史　　　　　　/258

镇馆之宝：达·芬奇名作《圣母与花》　　　　　　　　　/287

女皇花重金购买52幅名画，竟无一件真品　　　　　　　　/294

收藏家出售百余件文物给冬宫，自己却因欠债服苦役20年　/297

大思想家伏尔泰与众不同的遗嘱：我的棺材这样埋　　　　/308

暗藏在镇馆之宝中的俄罗斯女皇风流史　　　　　　　　　/313

五、杂项篇 /318

巧夺天工的宫廷工艺品 /319

附：俄罗斯采风记 /345

俄国人把克里姆林宫藏哪儿了？二战时德军轰炸莫斯科竟没找到它 /346

俄罗斯教堂建筑顶端的"洋葱头"有什么寓意？ /354

俄罗斯最大的百货商场里这样卖自行车，太酷了！ /366

藏在俄罗斯套娃里的秘密，你只有买了才知道 /372

前 言

世界上究竟有多少家博物馆？这事儿谁也说不清楚，即便是权威机构也没有标准答案。

但是，如果你问：世界上最著名的博物馆有哪些？倒是很多人会脱口而出："法国卢浮宫博物馆、英国大英博物馆、俄罗斯冬宫博物馆以及美国大都会博物馆……"卢浮宫、大英馆、冬宫以及大都会馆被公认为是世界最著名的四大博物馆。这不仅因为它们在建筑的规模上体量庞大，更重要的是它们在藏品的数量、质量以及多元文化上的卓越超群。四大博物馆就像是一个汇聚了世界各地古老文明遗珍的巨大宝库，如果你想在一个特定的环境、较短的时间内一览世界各地古老文明的奇珍异宝，那么四大博物馆便是理想的览胜之地。

《走遍世界博物馆》系列丛书《俄罗斯艾尔米塔什博物馆》中的俄罗斯艾尔米塔什博物馆（也即冬宫博物馆），即是世界著名的四大博物馆之一。它以馆藏量约315万件、展厅约550间、占地面积约22.5万平方米、实际展示面积约12万平方米、年参观人数约500余万人次的傲人成就位居世界顶尖博物馆之列。其馆藏品不仅有来自俄罗斯本土的文物珍宝，亦有大量来自世界各地不同文化区域的历史遗珍，更珍藏有达·芬奇（Da Vinci）、拉斐尔（Raphael）、伦勃朗（Rembrandt）、毕加索（Picasso）、马蒂斯（Matisse）等世界最负盛名的绘画大师的稀世画作，以及欧洲几百年来不同时期不同画派的名家名作等。同时，作为皇宫建筑群，艾尔米塔什也是俄罗斯国家历史的亲历者、见证者与记录者，俄罗斯历史上最辉煌的罗曼诺夫王朝便是从这里开始，也是在这里结束，其建筑物本身以及其中所经历的重大历史事件及其相关物品是俄罗斯最具历史价值的珍贵文物（资料）之一。

艾尔米塔什博物馆是一座集合了世界多民族不同文化与艺术珍宝的大型艺术殿堂，被誉为"世界文化与艺术百科全书式的世界级博物馆"。

本书以作者在艾尔米塔什博物馆的泡馆经历为视点，为读者详细导览并解读了该馆中的部分珍贵文物、重要藏品以及奢华至极的皇宫建筑等内容。通过对文物的历史背景、艺术特色以及收藏经历等细节的解析，为读者深度了解这座集俄罗斯历史文化与人文风情以及世界多种文化艺术元素于一体的超大型综合性博物馆，打开了一个学习与认识的新窗口，同时也为读者提供了一个足不出户即能欣赏万里之外的俄罗斯皇宫珍贵宝藏的观展新模式。

悦读《走遍世界博物馆》系列丛书，和梅辰（辰馆）一起走遍世界博物馆。

俄罗斯简史:"战斗民族"的前世今生

莫斯科克里姆林宫一隅

俄罗斯民族为什么特别能战斗？
他们的"战斗基因"从何而来？

俄罗斯人为什么大部分时间都在打仗？
除了争夺土地，他们还在为什么而战？

俄罗斯国土横跨欧亚两大陆（1/4在欧洲，3/4在亚洲），
但为何他们的意识形态与文化艺术属于欧洲体系？

俄罗斯历史上最伟大的两位帝王，缘何其中一位竟是德国女人？
为什么说没有这位德裔女皇就没有艾尔米塔什博物馆？
……

在走进艾尔米塔什博物馆之前，让我们先对俄罗斯的历史做一个基本了解，算是热身。

✤ 俄罗斯简介

俄罗斯，全称为"俄罗斯联邦"。
面积：1709.82万平方公里，是世界上国土面积最大的国家。
人口：1.46亿
宗教：主要宗教为东正教，其次为伊斯兰教。
语言：俄语
首都：莫斯科

地理：横跨亚欧大陆，东西最长9000公里，南北最宽4000公里。其境内南北走向的乌拉尔山脉（Ural Mountains）将俄罗斯广袤的土地分割成为两大板块：乌拉尔山脉以东的西伯利亚地区和以西的东欧平原地区。东部的西伯利亚地区约占其国土面积的3/4，地理上归属于亚洲；西部的东欧平原地区，约占其国土面积的1/4，地理上归属于欧洲；乌拉尔山脉因此成为俄罗斯境内亚洲与欧洲的天然分界线。

自然环境方面，西部地区东欧平原的气候、土壤以及水资源等条件，相比于东部西伯利亚地区气候寒冷、多山地高原、多冻土沼泽的恶劣环境，更适合于人类居住，因此俄罗斯近80%的人口居住在西部（欧洲）地区，其首都、最繁华的大都市、政治经济中心也都集中在西部。相反，东部（亚洲）地区则人烟稀少，即便是居住在东部的居民，也大多选择住在偏南的位置，即靠近哈萨克斯坦、蒙古、中国等国的边境地带。

形成俄罗斯东、西部地区巨大环境差异的根本原因，正是乌拉尔山脉的屏障作用。原本，大西洋上空的暖湿气流随着西风被吹到欧洲大陆，它们一路春风化雨、秋风洗晴，为欧洲大陆送上了雨露甘霖、云高

乌拉尔山脉

气爽。然而，就在它们沿着东进之路阔步来到俄罗斯之后，却被一条北起北冰洋喀拉海（Kara Sea）、南至哈萨克草原、绵延2000多公里的乌拉尔山脉挡住了去路。这条南北走向的山脉就像是一座巨大的屏风将大西洋和煦的暖风毫不留情地阻挡下来。由此，俄罗斯东、西部地区的气候便出现了明显的分化——西暖东寒，进而导致两边生态环境的巨大差异。更为悲催的是，东部地区不仅没有接收到西来的暖风，还被来自北部北冰洋的刺骨寒风灌了个透心凉。该地区年平均气温低于0℃，局部地区的绝对温度甚至达到了−70℃。显然，人类生存与发展所必需的三大条件：适宜的气候、适于开垦的土地、充足的水源，这里都不具备，它属于不适合人类居住的地区，故而俄罗斯绝大部分人口都集中到了西部。因此，俄罗斯国土面积尽管很大，但有相当一大片土地属于无人居住区。

在此解释一下：俄罗斯大部分国土位于亚洲，为什么它却被划属欧洲国家？原因有二：1.首都莫斯科位处欧洲，2.俄罗斯人源于欧洲的斯拉夫民族。

资源：俄罗斯自然资源种类繁多，储量丰富，是一个自给程度极高的国家。其森林覆盖面积约占国土面积的65.8%，居世界第1位；木材蓄积量居世界第1位；天然气已探明蕴藏量占世界探明储量的25%，居世界第1位；铁、镍、锡蕴藏量居世界第1位；黄金储量居世界第3位；煤蕴藏量居世界第5位；铀蕴藏量居世界第7位；石油探明储量占世界探明储量的9%。

莫斯科克里姆林宫教堂

历史：俄罗斯的历史大体上可分为五大阶段：

一、传说的历史（未知—852年），

二、留里克王朝（862—1598年），

三、罗曼诺夫王朝（1613—1917年），

四、苏联时期（1917—1991年），

五、俄罗斯联邦（1991年至今）。

看上去比中国、埃及等国家动辄二三十个朝代的历史是不是要容易记得多？并且，其仅有的两个王朝还是因为第一个王朝绝嗣而不得不改朝换代，否则大概率上或许就只有一个王朝了。

俄罗斯国家、民族的形成以及艾尔米塔什博物馆的建立及其收藏品，主要与前三大历史阶段有关，本篇重点介绍前三大历史阶段。

❀ 俄罗斯历史概况

一、传说的历史

追溯俄罗斯的历史，据可考的文献记载，最早可溯至公元852年[1]。公元852年之前的历史目前暂处于传说状态，尚待考证。

据俄罗斯编年史《往年纪事》[2]记载：

> 大洪水之后，挪亚的3个儿子闪、含和雅弗分领了大地：闪分得到了世界的东方地区、含分得到了南方地区、北方和西方地区则归了雅弗。（与俄罗斯历史有关的是雅弗一支。）

---

1. 公元852年，在希腊的编年史中首次出现了"罗斯国"的名称。希腊编年史中记述了罗斯发兵到达（希腊）帝都这一事件。这是目前可查考的、有文字记录的、最早的与俄罗斯有关的历史纪年。

2.《往年纪事》，古罗斯国流传下来的第一部编年史。

雅弗所得的地区中包括后世比较知名的多瑙河、第聂伯河、伏尔加河、高加索山脉、不列颠岛、西西里岛、伯罗奔尼撒等地区。在雅弗国土居住的有**罗斯人**、立陶宛人、楚德人、利比人等多个部族。雅弗的后裔有**瓦兰人**、瑞典人、**罗斯人**、哥特人、罗马人、德国人、热那亚人等等。

后来，上帝把闪、含以及雅弗这3个支系的部族全部打乱，重新划分出了72个部族。

72个部族中，有一个部族名为"斯拉夫部族"。**斯拉夫人是俄罗斯人的祖先。**

许多年后，斯拉夫人在多瑙河流域（今匈牙利、保加利亚区域）定居下来。之后，随着一次次的迁徙，斯拉夫人逐渐分布到了欧洲各地，并以定居地之名重新得名。例如，居住在莫拉瓦河周边的就叫作"莫拉瓦人"，等等。也有的不是按定居地命名，例如，一些在伊尔明湖周边定居的人，他们保持了原有的称呼：斯拉夫人，并且他们在此建立起一座城市，名为**"诺夫哥罗德"**（俄罗斯重要历史名城）；另有一些人来到了第聂伯河流域居住，取名"波利安人"，他们建立起一座城堡，取名"**基辅**"；等等。总之，斯拉夫人分散到了欧洲各地，并有了新的部族名，且在各自的定居地相继建立起一些大大小小的公国。

二、留里克王朝

公元862年，斯拉夫的几个小公国（楚德人、斯拉夫人、克里维奇人以及维西人）之间爆发矛盾，互相攻伐。于是，这些小公国经过协商后决定："邀请有能力的外族人来管理我们的国家。"为此，他们来到罗斯人的居住地（现今北欧），向罗斯人发出邀请："Hi！尊敬的各位大佬，我们那里土地辽阔富庶，可是没有秩序（比较混乱），恳请你们来治理和统管它吧。"罗斯人听罢，心中暗自窃喜：芝麻开门了？天下竟有这等好事！竟然有人邀请我们去当大王！于是他们选出三兄弟带领其氏族以及所有罗斯人来到斯拉夫人的土地上。

三兄弟中，长兄**留里克**（Rurik）坐镇于诺夫哥罗德城，其余两兄弟分别坐镇于其他两座城。后来，两兄弟相继过世，全部权力统归在了留里克一人手里。

留里克的时代被称为"留里克王朝"，国家名为"罗斯"，定都诺夫哥罗德。**那些原本生活在诺夫哥罗德的斯拉夫人此后也一并被叫作了"罗斯人"。**

> **小知识**
>
> 留里克所建立的罗斯国与前述希腊编年史中出现的罗斯国不是同一个罗斯国。依据俄罗斯编年史《往年纪事》中的记载："……他们选出三兄弟带领其氏族以及所有罗斯人来到了斯拉夫人的土地上……"照此说法，或可理解为：原来生活在北欧的罗斯人曾经攻打过希腊，并因此被希腊人记录在编年史中。后来，留里克带领罗斯人来到斯拉夫人的地盘上建立起公国。由于他们本身是罗斯人，遂以"罗斯"作为国名。前后两个罗斯国都与罗斯人有关，但不是同一个罗斯国。

公元879年，留里克去世，王权转交给同族人奥列格（Oleg）；奥列格统治罗斯公国33年。其间，罗斯人南征北战，国家版图不断扩大，最终建立起一个史称"基辅罗斯国"的公国，定都基辅，奥列格任基辅罗斯国大公（即君主）。（基辅罗斯国实际为留里克罗斯国的扩大版，王朝依然延续了"留里克王朝"之名。）

公元913年，奥列格死后，留里克之子伊戈尔（Igor）继任大公。（留里克去世时，伊戈尔还是个婴儿。）

之后的几百年里，基辅罗斯国与希腊以及周边国家之间打打杀杀，纷争不断。至公元12世纪，基辅罗斯国分裂成若干个大、小公国。

基辅罗斯国的分裂，给东邻的蒙古人提供了绝佳的征伐机会。

公元1237年，蒙古人攻伐基辅罗斯；公元1240年，成吉思汗之孙拔都占领基辅；公元1243年，拔都建立金帐汗国，统治范围包括了今俄罗斯西部、东欧大部分地区以及高加索部分地区等，开启了蒙古人对罗斯人长达240年的统治。这期间，各大、小罗斯公国仍以原公国的形式存在，但需按时向金帐汗国缴纳贡税，属于藩属国与宗主国的宗藩关系。

在蒙古人长达两个多世纪的统治时期，罗斯人的反抗情绪也在不断地积蓄着。地处东北部的莫斯科公国逐渐成为这一时期反抗蒙古人压迫的政治中心。

莫斯科公国，原是从弗拉基米尔大公国中分裂出来的一个小公国，因地处莫斯科，故名"莫斯科公国"。早期的莫斯科公国在罗斯诸公国中地位并不突出，直到伊凡一世[1]（Ivan Ⅰ，留里克第9代孙）继任莫斯科大公后，由于其巧用心机而取得了蒙古人的信任，从而获得了替金帐汗国向各罗斯公国收税的代收权，并因此有了一定的特权。伊凡一世利用这一契机，将莫斯科公国带入了一个快速发展的新时代。

对于伊凡一世，后世人送其绰号"Kalita"，意为"钱袋子"，意思是说伊凡一世很能搞钱（贪污），也很会用钱（行贿）。伊凡一世在替金帐汗国收税的过程中大肆侵吞财物，中饱私囊，然后再用这些钱去行贿蒙古人以进一步巩固自己的地位。并且，他还用这些钱购买了一些具有重要战略价值的土地，并把这些土地上的公国纳入了莫斯科公国的版图，使莫斯科公国的领地不断得到扩大。另外，他还把总主教的驻地[2]从基辅迁移到了莫斯科。就这样，一个曾经的二三线小公国逐渐成了罗斯人的政治与宗教中心。

公元1462年，莫斯科大公之位传至伊凡三世（留里克第14代孙）。

公元1502年，伊凡三世推翻了蒙古人的统治，终结了响彻罗斯大地的铮铮铁蹄声，重新统一了罗斯国。

---

1. 所谓一世、二世……N世的称谓，是人们为了区别相同名字的君主而在其名字后面特别添加的修饰定语。譬如，法国人的名字特别喜欢叫"路易"，历代君主中有很多人都叫路易，于是就有了路易一世、二世……十五世、十六世的叫法。同样，俄国人喜欢起名为伊凡、彼得等，于是就有了伊凡一世……伊凡四世、彼得一世……彼得三世的称谓。需要注意的是，××二世不一定就是××一世之子，他只是后代帝王中第二个叫××的人。

2. 公元988年，留里克王朝的第4代继承人弗拉基米尔任基辅罗斯大公期间，弗拉基米尔皈依了东正教，并将东正教定为国教，当时总主教的驻地就设在基辅。

公元1547年，伊凡四世（留里克第16代孙）改大公称号为**"沙皇"**，成为俄罗斯历史上的第一位沙皇。

伊凡四世，也即"伊凡雷帝"，是出了名的暴戾之君（要不怎么叫"雷帝"呢！脾气如雷一样疾暴。传说其出生时天空中曾电闪雷鸣）。他曾一次集中处死了200多位反对他的贵族，并且他的亲生儿子（太子）就死在他暴怒时的权杖下。让他没想到的是，他这一杖砸过去竟然断送了整个留里克王朝的未来——伊凡四世育有三子，太子被意外杖毙，幼子早年夭折，只剩下智力有问题的二儿子费奥多尔（Fyodor）成为王朝大业的唯一继承人，这就为留里克王朝最后的无奈落幕埋下了隐患。

公元1598年，费奥多尔一世去世。由于费奥多尔无子嗣，历经736年风雨的留里克王朝因绝嗣而终。

三、罗曼诺夫王朝

留里克王朝末代沙皇费奥多尔一世去世后，国内外（波兰、瑞典等国）各方势力纷纷加入争夺皇位的大战中。此混乱局面一直持续到1613年。

1613年，由国内各阶层代表推选出米哈伊尔·罗曼诺夫（Michael Romanov）为新沙皇，俄罗斯的历史自此走进了罗曼诺夫王朝时代。

年仅17岁的米哈伊尔·罗曼诺夫为何能突破重围登上众人所觊觎的俄罗斯沙皇宝座？用现在的话说就是靠"拼爹"。之前，罗曼诺夫家族一直深受历代莫斯科大公以及沙皇的信任与器重，在留里克王朝时代就位高权重，并且伊凡四世的妻子安娜斯塔西娅·罗曼诺夫就来自罗曼诺夫家族，该家族在当时是最有权势的皇亲国戚之一。而米哈伊尔·罗曼诺夫的老爸正是罗曼诺夫家族的大家长。因此当朝野一片混乱之时，各阶层在权衡利弊之后，沙皇之位就非米哈伊尔莫属了。

17岁的米哈伊尔在老爸的帮扶下，扯起罗曼诺夫王朝的大旗跌跌撞撞地站上了历史的舞台，罗曼诺夫王朝自此大幕开启。

米哈伊尔去世后，其独子阿列克谢（Alexei）继位。

阿列克谢虽然在治国上成就一般，但在生儿育女方面却颇有建树——两任妻子所生育的十几个孩子中，有4位相继做了俄罗斯的沙皇及摄政皇。他们是第一任妻子所生的**长公主索菲亚**（Sophia）、长子费奥多尔三世、次子伊凡五世以及第二任妻子所生之子**彼得一世**（Peter Ⅰ）。不仅如此，索菲亚公主、彼得一世还成为俄罗斯历史中绕不开的重要人物，彼得一世更是成为俄罗斯历史上仅有的两位大帝之一，即**"彼得大帝"**。

阿列克谢去世后，皇位由其长子费奥多尔三世继承。

费奥多尔三世死后，能够继承皇位的只有两人：大太后家的次子伊凡五世，二太后家的儿子彼得一世。于是，就像世界各国的宫廷皇位争夺战一样，罗曼诺夫王朝的宫斗大戏也毫无例外地开场了。

此时，表面上看争夺皇位的是伊凡五世和彼得一世，实际却是两者背后所代表的两大太后外戚势力之间的争斗。1682年5月，以长公主索菲亚为首的大太后家族发动政变，逼迫贵族议会同意：1. 伊凡五世

该画作再现了索菲亚在克里姆林宫发动政变时的场景。索菲亚的射击军当着彼得一世（蓝衣红靴少年）的面打死了包括彼得一世的舅舅在内的二太后阵营的人。

1682年索菲亚在克里姆林宫发动政变
布面油画，1839年
现藏于俄罗斯国家历史博物馆

与彼得一世并列为沙皇，其中伊凡五世为第一沙皇，彼得一世为第二沙皇（贵族议会本来只想拥戴彼得为皇）；2. 鉴于伊凡五世的个人状况（心智迟滞，体弱多病）以及彼得一世年龄尚小（年仅10岁），暂由索菲亚代摄政皇。

索菲亚夺得权力后随即将彼得一世母子二人逐出了克里姆林宫，遣送至莫斯科郊外的一个小村子中软禁起来。

1689年8月，索菲亚阴谋除掉渐已成年的彼得一世（17岁），彼得一世将计就计借此挫败了索菲亚一伙，并将索菲亚遣送至某修道院监禁直至其终老死去。

回到莫斯科的彼得一世此时成为克里姆林宫的实际掌控人。尽管他的前面还有一位顶着第一沙皇头衔的伊凡五世，但伊凡五世非常识趣地从不干政，直至1696年悄无声息地死去。（1682—1696年，为两沙皇共治期。）

彼得一世独揽大权后，开始在政治、军事、经济、外交、文化等各个方面进行大刀阔斧的改革，从而将俄罗斯推入欧洲强国之列。彼得一世也因此成为俄罗斯历史上最杰出的帝王之一，被枢密院[*]授予了"祖国之父"的称号，尊称为"彼得大帝"。（彼得大帝生平功绩详见本书历史篇。）

1712年，彼得大帝将首都从内陆城市莫斯科迁往海滨城市圣彼得堡。

1721年，彼得大帝改国号为**"俄罗斯帝国"**。"沙皇"的称谓也相应改为"皇帝"。

1725年彼得大帝在圣彼得堡去世。

彼得大帝去世之前，其后代中能够继承皇位的男性大多都已过世，仅剩下他的孙子彼得二世（10岁，米哈伊尔第5代孙）一人。为此，彼得大帝颁布了新的继承法，废除了原继位制度，改为由在位皇帝自由选择继位人。之后，由于彼得大帝生前未能指定继位人，故其死后出现了两股势力对皇位进行争夺：拥护彼得二世的"孙子派"和拥护彼得大帝之妻叶卡捷琳娜（Catherine）的"皇后派"。最终，皇后派胜出。

1725年，叶卡捷琳娜继位，成为俄罗斯历史上的第一位女皇，史称"叶卡捷琳娜一世"。

---

*枢密院，俄罗斯国家机要政务部门。

1727年，叶卡捷琳娜一世病逝后，从1727年至1762年的30余年间，皇位相继由彼得二世（彼得大帝之孙）、安娜（Anna，伊凡五世次女）、伊凡六世（伊凡五世重外孙）、伊丽莎白（Elizabeth，彼得大帝之女）、彼得三世（彼得大帝外孙）继承。（皇位在伊凡五世与彼得大帝的后代之间来回切换。）

1762年1月，当皇位传至彼得三世时，罗曼诺夫王朝的血统逐渐偏离了正统：彼得三世是彼得大帝的长女安娜与德意志某公国公爵的儿子，也即彼得三世有一半德国血统。

彼得三世在继位之前，娶了一位有德意志亲王背景的军官的女儿索菲亚为妻。索菲亚和彼得三世之间有点儿亲戚关系：索菲亚的妈妈是彼得三世爸爸的表妹，或者说彼得三世的奶奶和索菲亚的外婆是亲姐妹。也正是因为有这一层亲戚关系，索菲亚才有机会被推荐为俄罗斯太子妃的候选人，并最终通过考核获得了"上岗"资格。（当时在位的是女皇伊丽莎白。伊丽莎白是彼得三世的姨妈。伊丽莎白非常喜欢这个八竿子正好能打着的亲戚索菲亚，于是拍板索菲亚为太子妃。）

然而，这层不远不近的亲戚关系并没有给这对帝王夫妻送上锦上添花的婚姻生活，他们彼此毫无感情。彼得三世非常不喜欢索菲亚，婚后也几乎不跟索菲亚同房，并且还毫无顾忌地给索菲亚戴了各种绿帽子。而索菲亚也不甘示弱，毫不客气地回赠了彼得三世一片"绿洲"——情人、男友多到数不过来。

叶卡捷琳娜二世半身石像
30 年

叶卡捷琳娜二世
油画 1794 年

与彼得三世找情妇只图身心欢愉不同，索菲亚找情夫从一开始就带有想法和目的，她颇有心机地选择了一些军政权贵作为自己的情人，希冀将来有一天能够凭借他们的力量把自己推上女皇的宝座。

这期间，索菲亚为了向俄国人表示诚意，特意将自己的名字改为了俄罗斯女子名：叶卡捷琳娜。嗯，它和彼得大帝的皇后、俄罗斯历史上第一位女沙皇叶卡捷琳娜的名字相同，这也正是索菲亚的用心之处：向女沙皇致敬以博得俄罗斯人的好感。并且，索菲亚还改信了东正教，完成了一个德裔小公主向俄罗斯皇后的华丽转身。（因与之前的女皇叶卡捷琳娜同名，故前者史称"叶卡捷琳娜一世"，后者为"叶卡捷琳娜二世"。）

叶卡捷琳娜二世（下称"叶卡捷琳娜"*）婚后诞下一名男婴，取名"保罗"（Paul，米哈伊尔家族第6代）。至于保罗到底是谁的孩子，彼时、现在皆无从考究。如果保罗是彼得三世的孩子，那么他的遗传基因中就有1/4的罗曼诺夫家族的血统（父亲彼得三世有1/2罗曼诺夫家族血统，母亲索菲亚是德国血统）。如果保罗不是彼得三世的孩子，那他就跟罗曼诺夫家族彻底没什么关系了。好在那个年代没有亲子鉴定或者基因检测这样的生物学技术，只要是皇后生的孩子那就是皇子。

1762年，叶卡捷琳娜借助情人男友成功发动政变，废黜了丈夫彼得三世的皇位，自己登基为俄罗斯帝国的女皇。随后叶卡捷琳娜将彼得三世囚禁在一座别墅中。一周后，彼得三世在别墅中死去，死因至今是谜（一说被毒死，一说病死）。

* 按：除有特别说明外，本书中的"叶卡捷琳娜"或"叶卡捷琳娜女皇""叶卡捷琳娜大帝"均指叶卡捷琳娜二世。

叶卡捷琳娜是俄罗斯帝国史上统治时间最长的帝王，共计34年（1762—1796年）。其治下的俄罗斯在政治、军事、文化以及经济等领域所取得的成就达至历史最高峰，被认为是"俄罗斯帝国的黄金时代"。她也因此获得了"大帝"的称号，成为俄罗斯历史上仅有的两位大帝之一。

除此之外，特别要说的是，**叶卡捷琳娜大帝是艾尔米塔什博物馆的创立者和前期馆藏品的收集者，没有她就没有成就斐然的艾尔米塔什博物馆**。

1796年，叶卡捷琳娜病逝，其子保罗继位。保罗育三子：亚历山大（Alexander）、康斯坦丁（Constantine）和尼古拉（Nicholas）。保罗去世后，皇位先后由长子亚历山大一世、幼子尼古拉一世继承。尼古拉一世死后，皇位由其长子亚历山大二世继承。亚历山大二世之后，皇位传给了其次子亚历山大三世。之后，亚历山大三世又将皇位传给其长子尼古拉二世（米哈伊尔家族第10代）。

尼古拉二世是罗曼诺夫王朝的亡朝皇帝。1917年2月，俄国资产阶级革命推翻了封建专制的尼古拉二世王朝，历经300余年腥风血雨的罗曼诺夫王朝走到终点。之后，尼古拉二世全家被枪决。

皇宫中的尼古拉二世图书馆

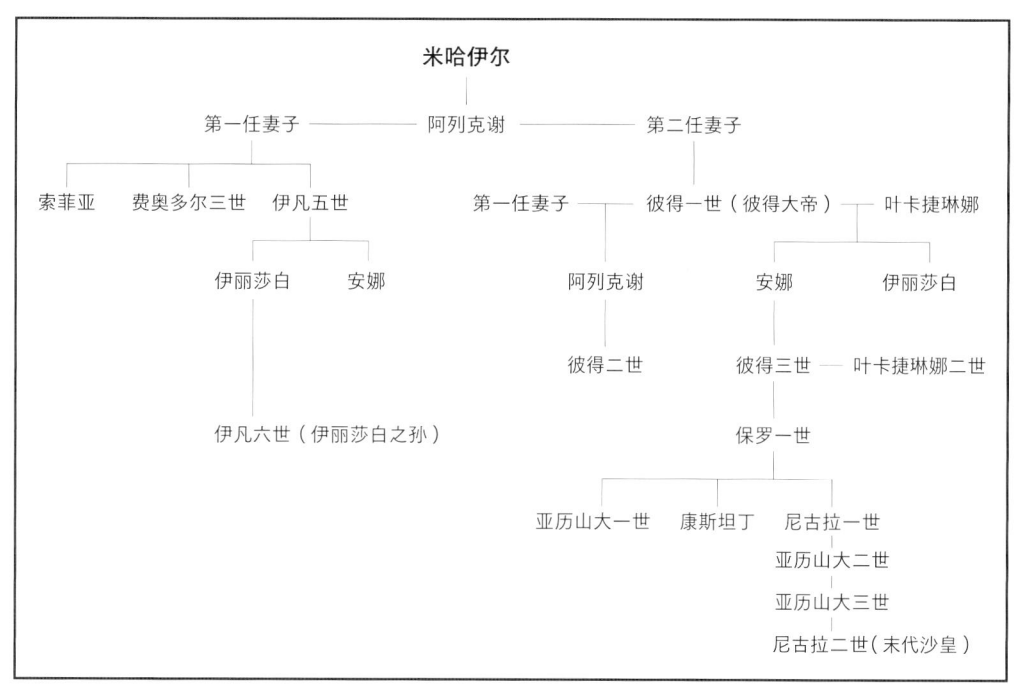

```
                                    米哈伊尔
                                       │
        ┌──────────────────────────────┼──────────────────────────────┐
     第一任妻子 ──────────── 阿列克谢 ──────────── 第二任妻子
        │                                                              │
  ┌─────┼─────────┐                          ┌──────────────┬──────────┴──────┐
 索菲亚 费奥多尔三世 伊凡五世              第一任妻子 ── 彼得一世（彼得大帝）── 叶卡捷琳娜
              ┌────┴────┐                       │              ┌───────┴────────┐
          伊丽莎白     安娜                   阿列克谢        安娜         伊丽莎白
                                                │              │
                                             彼得二世      彼得三世 ── 叶卡捷琳娜二世
                    │                                             │
              伊凡六世（伊丽莎白之孙）                         保罗一世
                                                  ┌──────────────┼──────────────┐
                                              亚历山大一世    康斯坦丁      尼古拉一世
                                                                             亚历山大二世
                                                                             亚历山大三世
                                                                             尼古拉二世（末代沙皇）
```

罗曼诺夫王朝历代帝王表

四、苏联时期

1917年11月7日（俄历10月25日），10月的一声炮响，社会主义革命爆发，世界上第一个社会主义国家政权——俄罗斯苏维埃联邦社会主义共和国建立。

1922年12月30日，俄罗斯联邦、外高加索联邦、乌克兰、白俄罗斯成立苏维埃社会主义共和国联盟（后扩至15个加盟共和国），简称**"苏联"**。

1991年12月，俄罗斯联邦、白俄罗斯、乌克兰3个加盟共和国领导人在别洛韦日签署《独立国家联合体协议》，宣布组成"独立国家联合体"，简称**"独联体"**。12月21日，除波罗的海三国和格鲁吉亚外的苏联11个加盟共和国签署《阿拉木图宣言》和《独立国家联合体协议议定书》。

1991年12月26日，苏联最高苏维埃共和国院举行最后一次会议，宣布苏联停止存在。至此，苏联解体，俄罗斯联邦成为完全独立的国家，并成为苏联的唯一继承国。

五、俄罗斯联邦（1991年至今）

1993年12月12日，经过全民投票通过了俄罗斯独立后的第一部宪法，规定国家名称为"俄罗斯联邦"，简称"俄罗斯"；规定俄罗斯是共和制的民主联邦法制国家，确立了总统制的国家领导体制。

总结：俄罗斯历史上的重要人物与重大事件。

1. 公元862年，北欧的罗斯人受邀来到东欧平原斯拉夫人的地盘，建立罗斯国，成为俄罗斯的发端。

2. 公元988年，留里克王朝的第4代继承人弗拉基米尔任基辅罗斯大公期间，将东正教定为国教。这一决定对后世俄罗斯宗教信仰的走向产生了深远影响。

3. 16—19世纪，俄罗斯国家版图扩张了近10倍，达到了2000多万平方公里，为后世成为世界上国土面积最大的国家奠定了基础。其中，伊凡雷帝、彼得大帝、叶卡捷琳娜大帝对国家版图的扩张功绩突出，并因此成为俄罗斯历史上仅有的3位名字后面带有"帝"字荣耀的君主。（因彼得大帝、叶卡捷琳娜大帝的"大帝"称号为枢密院所授，因此严谨的说法是"彼得大帝、叶卡捷琳娜大帝是俄罗斯历史上仅有的两位大帝"。）

4. 1712年，彼得大帝将首都从莫斯科迁往圣彼得堡。1728年，彼得二世又将首都从圣彼得堡迁回莫斯科，此后一直未变。

5. 1861年，废除农奴制。

6.1917年,建立世界上第一个社会主义国家政权——俄罗斯苏维埃联邦社会主义共和国。

最后来说"俄罗斯民族为什么特别能战斗"。

斯拉夫人当时因为内部矛盾问题,遂前往北欧邀请罗斯人来管理斯拉夫人的土地。按《往年纪事》中的记载,"他们(斯拉夫人)就去找海外的瓦兰人,找罗斯人。那些瓦兰人被称为罗斯人……他们就是这样称呼的",可知,罗斯人即瓦兰人。瓦兰人,又称瓦良格人。按《人类学辞典》释义:瓦良格人原来居住在北欧的斯堪的纳维亚半岛,后逐渐沿着商路来到东欧平原,活跃在当地的商路上。同其他维京人一样,他们从事着强盗和商人的双重工作,经常抢劫财物,掳掠人口为奴,运到君士坦丁堡出售。瓦良格人后来逐渐与东斯拉夫人融合为俄罗斯人、乌克兰人、白俄罗斯人。因此,俄罗斯人特别能战斗或跟瓦良格人彪悍善战有关。

小知识

"俄"罗斯的由来。自古"罗斯人""罗斯国"都是围绕"罗斯"来命名的。并且,其他一些据此发音而转译的外文名也都与"罗斯"相近,例如英语的"Russia"、德语的"Russland"、日语的"ロシア"(音"露西亚")等,它们的开头都没有"俄"这个音。那为什么中文的发音却是"俄"罗斯呢?这事儿跟蒙古人有关。

蒙古人统治罗斯国期间,由于"罗斯"的发音不符合蒙古语的发音习惯,于是蒙古人便按照蒙古语的发音规则将俄语"Россия(罗斯)"中的元音"о"复制并前置,即"оРоссия",读音则对应变成了"斡罗斯"(斡,音同"握")。我国元代文献中已有"斡罗斯"的译法,清代时又根据音译采用了"俄罗斯"的译法,并一直沿用至今。

这种根据自己本国语言(发音)习惯对外语进行翻译的例子数不胜数。如本系列丛书中的《印度国家博物馆》一书中提到的"印度"一词的翻译。

克里姆林宫博物馆馆藏火炮

在克里姆林宫伊万诺夫广场以及军械库门前陈列着克里姆林宫博物馆收藏的700多门火炮。其中有16—17世纪俄罗斯加农炮14门，同期的外国炮15门，以及1812年卫国战争中缴获的加农炮、榴弹炮等700多门。

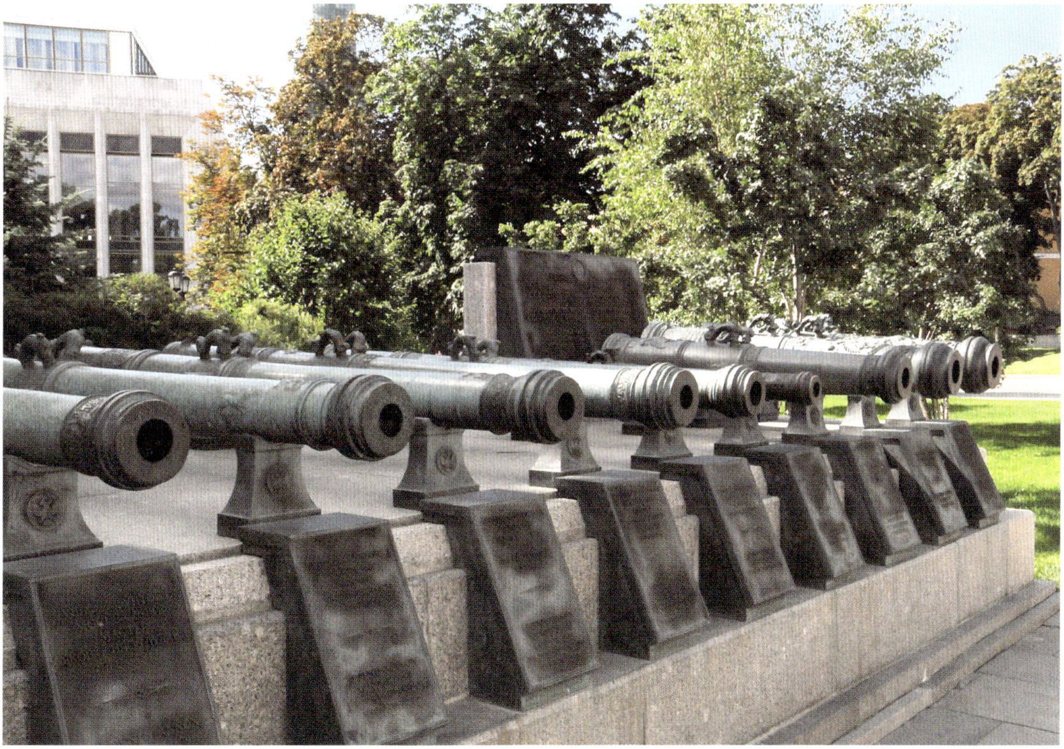

艾尔米塔什博物馆简史

涅瓦河畔的冬宫建筑群

　　艾尔米塔什博物馆是俄罗斯享誉世界的国家级博物馆,但是很多人不知道它的"艾尔米塔什(Hermitage)"之名来源于法语。

　　为什么俄罗斯的国家级博物馆要用一个法语的名字?
　　艾尔米塔什博物馆和冬宫博物馆之间有什么关系?它们是同一个博物馆吗?

❀ 艾尔米塔什博物馆简史

要想搞清艾尔米塔什博物馆和冬宫博物馆之间的关系，首先要了解彼得大帝在圣彼得堡修建皇宫的这段历史。

1704年，彼得大帝下令开发临海的边境城市圣彼得堡，并陆续在那里建起了两座皇宫：沿涅瓦河左岸的冬宫（Winter Palace，常住宫殿）和位于圣彼得堡郊外的夏宫（Summer Palace，夏天避暑的离宫）。鉴于当时的国力状况，两座皇宫的规模并不是很大。（先搞城市建设，后于1712年迁都。）

时间到了1754年，彼得大帝之女伊丽莎白继位时，俄罗斯的国力已今非昔比，女皇豪横地宣布：我要建大皇宫！于是一座豪华的巴洛克式新皇宫在距离彼得大帝的老皇宫不远处的涅瓦河畔崛起。新皇宫沿用了彼得大帝旧宫的名字：冬宫（位置图"1"）。

遗憾的是，伊丽莎白女皇未能等到新皇宫落成便去世了。之后，新皇宫由继任的彼得三世（叶卡捷琳娜大帝之夫）完成建造，随后又由罢黜了亲夫皇位的叶卡捷琳娜大帝完成全部室内外的装饰装潢工作。

1764年，叶卡捷琳娜决定在冬宫的旁边为自己建造一个优雅幽静的隐秘处所，以便能在那里安静地欣赏那些从欧洲买回来的优秀画作。

随后，按照女皇的旨意，一座专供女皇收藏艺术品的建筑比邻冬宫而建，取名"艾尔米塔什"（法语词，意为"隐秘的宫殿"。位置图"2"）。之后，随着收购的艺术品越来越多，先前所建的艾尔米塔什已无法容纳如此之多的收藏，进而又在艾尔米塔什建筑的右侧增建了一座更大的建筑，取名"大艾尔米塔什"（位置图"3"），而先前的建筑则相应变成了小艾尔米塔什（Small Hermitage）。不仅如此，女皇还在彼得大帝的旧宫处修建了一座艾尔米塔什剧院（Hermitage Theatre，位置图"4"），用来上演女皇自己编写的早期俄国历史剧。由此，彼得大帝的旧宫为艾尔米塔什剧院所取代，永远地退出了历史舞台。

再后来，随着收藏品的日益增多，原有宫殿已不能满足收藏与展示的需要，尼古拉一世时期（1839年）又不得不在大艾尔米塔什的后面加盖了一座新宫殿，取名"新艾尔米塔什"（New Hermitage，位置图"5"），而原来的大艾尔米塔什则对应被叫作了老艾尔米塔什（Old Hermitage）。至此，经由几代帝王的扩建与增建，一个由5座雄伟宫殿所组成的庞大建筑群壮观地傲立在了涅瓦河畔：冬宫 + 小艾尔米塔

艾尔米塔什建筑群各宫殿位置

什 + 老艾尔米塔什 + 新艾尔米塔什 + 艾尔米塔什剧院，它们被统称为"艾尔米塔什"。其中的大、小、老艾尔米塔什建筑是专门为收藏和展示艺术品所建。

1852年，艾尔米塔什作为艺术博物馆对公众开放。

1917年十月革命后，艾尔米塔什实现国有化，被改做国立艺术博物馆，冬宫也被并入到了艾尔米塔什中承担起展厅的功能。

1941年，二战期间博物馆关闭。
1945年至今，博物馆重新向公众开放。

从1764年叶卡捷琳娜首建艾尔米塔什，到1917年改做国立博物馆至今，近260年过去，艾尔米塔什博物馆已发展成为俄罗斯历史最悠久、馆藏最丰富、藏品所涉及文化层面最广泛、珍贵文物最多、最具重量级的国家级博物馆，并荣耀地迈入世界著名四大博物馆之列。

❀ "冬宫博物馆"与艾尔米塔什博物馆

如果我告诉你，这世界上压根儿就没有"冬宫博物馆"这么一座博物馆，你一定会怀疑自己看错了。不，你没看错，确实没有！综上可知：冬宫，是圣彼得堡皇宫建筑群中最早建造的一座宫殿，而艾尔米塔什是整个皇宫建筑群的总称；冬宫在1917年后，成为国立艾尔米塔什博物馆的一个组成部分，冬宫本身并不是一座博物馆。因此，不存在"冬宫博物馆"这一说法，或者说官方正式名称中没有"冬宫博物馆"这样的称谓。

那么,"冬宫博物馆"之名由何而来?

首先要肯定的是,"冬宫博物馆"就是著名的艾尔米塔什博物馆。它之所以被叫作"冬宫博物馆",是因为我们中国人发"艾尔米塔什"这个音时有一定的困难,比较拗口,且又不方便记忆,于是很多人就以其中一座建筑的名字"冬宫"来代替整个"艾尔米塔什建筑群",久而久之,"冬宫博物馆"就变成"艾尔米塔什博物馆"约定俗成的代名词了。(某种意义上,这也是一个因发音问题而改名的例子。)

所以,当你想和外国朋友说"冬宫博物馆"时,请务必记得要说艾尔米塔什博物馆——The Hermitage,否则对方可能会一头雾水不知道你所云何物。举例说明,假设某个国家的人不擅长发"艾尔米塔什"这个音,于是他们就用其中的一个音"艾"或者"米"来代替全称,就变成了"艾馆"或者"米馆"。当他对你说艾馆如何如何,或者米馆如何如何时,你是不是很蒙圈,完全不知道他在说什么?同样道理,中国人和老外说"冬宫博物馆",老外也很找不着北。所以,对外一定要用官方的通称:艾尔米塔什博物馆,它为世界各地的观众所通用。

❋ 俄罗斯的皇家博物馆为什么要用一个法语名字?

历史上,俄国与法国之间由于地理位置的原因——一个在欧洲的西边(法国),一个在欧洲的最东边(俄国),在没有现代化交通工具的时代,这个距离着实有点远,故而两国之间并没有太多的交集。至1689年,彼得大帝掌控朝政后,有感于俄罗斯与西欧国家在国家体制、军事、科学乃至文化方面的巨大差距,决心要向西方学习。俄罗斯遂派出了一个由250人组成的西学考察团,由彼得大帝亲自挂帅(隐姓埋名,化身为一名下士)前往欧洲各地学习先进的科学技术。这次西学的所见所闻令彼得大帝深受震动。归国后,他立刻着手在政治、军事、经济等领域全面推进改革,在思想文化方面更是雷厉风行地剪掉了俄罗斯男人所蓄留的传统长胡须,摒弃了长袍大袖的民族服装,倡导民众穿短衣、长裤、戴礼帽、吃西餐,等等,使西方社交礼仪逐渐成为贵族中的流行时尚。这其中自然也包括了法式文化的融入。

从文化的角度看,如果说彼得大帝带给俄罗斯民众的是业余选手所定制的西风1.0版,那么,叶卡捷琳娜大帝则是自带西风2.0专业版嫁到了俄罗斯。

《叶卡捷琳娜二世》

叶卡捷琳娜出身于一个与德意志亲王沾亲带故的贵族家庭,其父母双方的家族都与德意志皇族有关联。叶卡捷琳娜7岁那年,因患胸膜炎而导致脊柱变形,成了一个"残疾人",并因此成为宅女。宅家的日子里,父母为叶卡捷琳娜请来了家教,希望女儿能够通过学习获得精神与心理上的抚慰。这位被请来的家教是个法国人,叶卡捷琳娜因此系统地学习了法文以及法国文化。那一时期正是叶卡捷琳娜对于未来充满焦虑与迷茫之时,她不得不寄情于学习来聊以慰藉。也正因如此,叶卡捷琳娜学习起来十分用心,并从那时起成为法国文化、欧洲艺术的"骨灰粉"(最高级别的粉丝,意为发烧到了烧成灰的程度)。因此,当她嫁入俄国成为皇后,进而又成为女皇之后,她的欧洲情结便常常情不自禁地涌上心头。为此,她颁下圣旨:"建造一个豪华秘宫!朕要安静地欣赏那些从欧洲买回来的画作。"不仅如此,她还亲自为秘宫起了个法语名字"艾尔米塔什",意为"隐秘的宫殿"。

❀ 艾尔米塔什博物馆的早期收藏

没有叶卡捷琳娜女皇就没有今天的艾尔米塔什博物馆，这话绝不夸张。尽管，艾尔米塔什博物馆最早的一部分藏品来源于彼得大帝时期的皇宫艺术收藏室，但艾尔米塔什博物馆传承至今的藏品中更多的却是叶卡捷琳娜女皇时代的大手笔购入。

追溯历史，艾尔米塔什入藏的第一批绘画作品是在叶卡捷琳娜时代的1764年，女皇向柏林商人约翰·欧内斯特·戈茨科夫斯基（Johann Ernest Gotzkowski）收购了225幅油画作品。此后，女皇对艺术品收藏的兴趣（欲望）一发不可收。为了让自己的收藏能与西方贵族的收藏相匹敌，女皇委托她的大使与助理以及法国代理商在全欧洲各大画室与私人收藏家手中广泛搜罗艺术珍品。女皇强大的经济实力使得当时相当数量的**全欧洲最宝贵、最稀奇、最优异的艺术珍品**源源不断地涌进艾尔米塔什中。据发行于1774年的第一份宫藏目录记载，当时包括油画、版画、素描、浮雕、宝石、珍贵书籍等藏品在内，总计藏品数量已达2000余件。

有意思的是，女皇并不是一个懂行的绘画鉴赏者，她本人对绘画并不在行，用她自己的话说她只是在收藏绘画作品的过程中获得了极大的享受。譬如有一次，女皇去出席一个地产拍卖会，其实她的真实目的是去查看该庄园画廊中的200余幅绘画作品。女皇在看过这些画作之后便霸气地甩下一句：我全要了！那场面就如同现代富婆走进大牌专卖店指着满橱柜的货品任性地玉手一挥"全都给老娘打包！"一样，充满了一掷千金的快感与成就感。

艾尔米塔什是幸运的，它背靠叶卡捷琳娜女皇这样财大气粗且又对艺术品收藏有着强烈追求的霸气金主，真是要风有风、想雨得雨。在女皇时代，欧洲绘画大师拉斐尔、鲁本斯（Rubens）、伦勃朗、提香（Titian）等人的作品后脚追前脚地扑进了艾尔米塔什的怀抱。至1796年女皇去世时，馆内已收藏有名家画作近4000幅之多。

到了亚历山大一世时期（1801—1825年），亚历山大继承了其祖母叶卡捷琳娜女皇偏好收藏的基因，不仅出手快、手段老辣，更是稳、准、狠地把曾经挂在拿破仑第一任妻子约瑟芬（Josephine）私人画廊的38幅精品画作纳入了艾尔米塔什帐下，以此来彰显俄法战争胜利者的荣耀。亚历山大一世时期所购入的大量艺术品极大地丰富了艾尔米塔什的收藏。

然而，艾尔米塔什中的宝物也并非只进不出，其中部分藏品也曾有过被无情（无奈）出让的经历。譬如尼古拉一世时期，一些被尼古拉认为不怎么具有艺术价值的藏品就曾被拿到市场上去进行拍卖，此举让艾尔米塔什损失了数千件宝藏。另外，1920年代，一战后的俄国千疮百孔，百废待兴。政府为了解决战后的财政窘况，不得已下令将馆内的一大批绘画以及装饰工艺品拿到国外出售，用以换取购置农业生产所用拖拉机的资金，整个拍卖活动一直持续到1932年才停止，此间博物馆相关负责人一直在向最高领导人斯大林发出呼吁。这一举措同样也使艾尔米塔什流失了众多国宝，给国家和博物馆造成了无法挽回的重大损失。

当然，宝物被出售只是艾尔米塔什收藏履历中的个别小插曲。总体上，艾尔米塔什的收藏得益于叶卡捷琳娜女皇及其继任的几代帝王不惜豪掷千金在世界各地大量购入东西方各种珍稀名贵，以及收归国有后，馆内采购鉴定委员会不遗余力地从国外收集到的各种精品宝物和来自社会各界的私人收藏的捐赠。这些宝物为艾尔米塔什日后跻身世界四大博物馆打下了坚实的基础。

艾尔米塔什博物馆历经近260年的持续积累以及考古发掘的不断充实，现已发展成为一座集世界多元文化珍贵遗宝与俄罗斯历史文化遗珍的巨大宝库，在世界博物馆中享有重要地位，是世界上最优秀、最具专业性的"世界文化艺术研究中心"之一。艾尔米塔什作为俄罗斯重大历史事件的见证者、俄罗斯传统文化的传承者与保护者，以及世界文化多样性的守护者，具有与众不同的特质与魅力，并因此成为世界上独一无二的博物馆。

艾尔米塔什博物馆

艾尔米塔什博物馆简介

❀ 博物馆的三个组成部分

艾尔米塔什博物馆曾经是世界上规模最大的博物馆，它由艾尔米塔什建筑群（冬宫、小艾尔米塔什、老艾尔米塔什、新艾尔米塔什、艾尔米塔什剧院）、海军总参谋部（下称"海军总部"）展馆和老村（Staraya Derevnya，地名）修复中心（全称为"老村艺术修复与存储设备中心"，下称"老村中心"）三处大型展览场馆所组成。其中海军总参谋部大楼东翼的展厅和老村中心都是后来为缓解艾尔米塔什博物馆藏品太多且展示空间又相对不足而增设的展览场馆。

三处场馆总占地面积约22.5万平方米，展览空间约11.7万平方米。其中艾尔米塔什建筑群占地面积为11万平方米，展览空间4万平方米；海军总参谋部展馆占地面积5.2万平方米，展览空间1.4万平方米；老村修复中心开放式仓储库占地面积为6.3万平方米。

海军总部位于冬宫宫殿的对面，与冬宫隔冬宫广场相望。1989年，总部大楼的东翼被用做了艾尔米塔什博物馆的展厅。

而老村中心则是1990年艾尔米塔什博物馆在远郊地区的老村新建造的一处大型展览基地。

老村中心，拥有2栋6层楼的开放式展示场所，这里即是艾尔米塔什博物馆藏品的储藏、修复基地，也是这些藏品的对外展示窗口，它完美地解决了艾尔米塔什博物馆巨量藏品的展览问题。据艾尔米塔什博物馆馆长介绍，在未来，老村中心可以实现博物馆馆藏品100%展出的夙愿。要知道，在世界著名博物馆中，展陈品与馆藏品之间的比例一直都比较小，例如艾尔米塔什博物馆的展陈品占馆藏品的10%，大英博物馆约为2%，中国故宫博物院约为2%，等等。通常是馆藏量越大，展藏比越小，因为展览场地有限是世界各地博物馆普遍存在的问题。因此，老村中心的建成与开放，将彻底解决艾尔米塔什博物馆馆藏与展陈之间的矛盾，最大限度地满足广大观众的观展需求。

只是，有些遗憾的是，本书因容量所限，无法对上述三处场馆一一做介绍，将仅围绕艾尔米塔什建筑群和海军总部中的一部分馆藏展开。另外，特别要说明的是，由于海军总部和老村中心是后来增设的展馆，且又不与艾尔米塔什建筑群处于同一地点，因此广大观众所说的艾尔米塔什博物馆（世界普遍流行的说法）仅指艾尔米塔什建筑群所包括的展

俄罗斯海军总参谋部大楼（拍摄者所在位置是冬宫）

厅范围，而非官方所定义的包括了艾尔米塔什建筑群、海军总部以及老村中心在内的范围。因此，为方便读者阅读与理解，**本书后续所述艾尔米塔什博物馆也仅指艾尔米塔什建筑群所包括的展厅范围**，且下文及后续也将按照国人的习惯以"冬宫博物馆"代称艾尔米塔什博物馆（以"冬宫建筑群"代称艾尔米塔什建筑群），并以"冬宫博"简称之。

❀ 展厅分布

冬宫博共有302间展厅，分布在冬宫建筑群的5座宫殿的3个楼层中。5座宫殿的内部是一个连通的整体，且每层之间都互相连通。观众在观览时总感觉它的每一层楼都非常长，似乎没有尽头，原因就是不知不觉中你已经横穿了几座宫殿。据说曾有人计算过，把冬宫博已开放的展厅（302间展厅中有一部分展厅未开放）全部观览一遍，总计步行距离是22公里。我们姑且不把这种传说的信息当真，让我们来看看冬宫博的馆长是怎么说的。

馆长说每年的12月31日跨年夜，他都会走遍冬宫博的每一间展厅（不含海军总部与老村中心展厅），向守卫者们致以节日的祝福！而这一过程一刻不停也需要两个半小时。由此，我们按正常成年人的步速5—8公里/小时（男女有别）且取最低数5公里/小时计算，另外再减去馆长在各展厅中互动所停留的时间，满打满算算半个小时。据此算下来，馆长走遍各展厅的步行距离大约是（2.5—0.5）× 5=10公里。

问题是，馆长到访每间展厅时只是站在门口适当的位置，并不需要走到每一件文物（展品）的近前，因此观众所走过的距离要远远大于馆长所走的距离，至少是5倍，也即观众步行的距离大约有50公里（实际没这么长，因为有些展厅未对外开放），这对于大多数观众来说绝非轻松之事。也正因如此，人们说参观冬宫博是个体力活儿。

荷兰17世纪艺术展厅

参观冬宫博需要拼体力的不只是参观展厅的过程，在庭院里排队等候进馆时的体力消耗，就已经让人明显感到"剩余电量"在逐格减少。通常，非高峰时段（上午11点以后）进馆需要排队半小时到1小时左右，高峰时段排队时间大约需要2小时。当然，如果你在非旅游旺季的时间到访冬宫博，则无须排长队。俄罗斯的旅游旺季是每年的6月下旬至8月上旬，温度大约在20℃—30℃上下，而其他季节中气候就没这么友好了。辰馆亲试，8月中旬的圣彼得堡出门要穿薄羽绒服，并且天上还会时不时地飘上半天雪花。因此，6月前、8月后参观冬宫博的人相比旺季来说要少很多。

参观冬宫博，你可以提前在官网上购票*，也可以在现场的自助机上买票（几分钟搞定）。购票完成后，下一步就是去庭院里排队等候进馆了。

| 排队等候进馆的观众 | 冬宫博的自助售票机 | 自助购票室内张贴的购票说明 |

＊冬宫博官网：www.hermitagemuseum.org

进到入口大厅后，观众最先看到的就是堪称全世界豪梯之最的"约旦大使楼梯"。沿着约旦大使楼梯拾级而上便开启了冬宫博的参观之旅。下面是各楼层中各主题展厅的分布情况。由于每一主题展厅都是由多个展厅所组成，因此导览图中分别使用了不同的颜色来标示不同主题展厅的区域。

G楼（Ground Floor）* 共计8个主题展厅：

1. 西伯利亚文物
2. 中亚文物
3. 希腊和罗马文物
4. 高加索文物
5. 古埃及文物
6. 欧亚古物
7. 古代近东文物
8. 近东的武器和盔甲艺术

一楼（1ˢᵗ Floor），共计13个主题展厅：

1. 俄罗斯文化
2. 宫殿内饰
3. 法国艺术：15—18世纪
4. 西班牙艺术
5. 德国艺术

---

* 很多国家对于楼层的表述与我国有所不同，我们所说的一层，对方称作"Ground Floor"。Ground，有"地面、土地"之意，Ground Floor 意为地面上的楼层。而我们所说的二层，对方则称作"1ˢᵗ Floor"，即一层，由此类推。所以，当你在国外乘坐电梯或者看位置图时，要注意这种叫法上的差异。

6. 英国艺术

7. 佛兰德斯*艺术

8. 荷兰艺术

9. 荷兰艺术

10. 意大利艺术

11. 西欧中世纪艺术

12. 西欧武器和装甲

13. 冬宫大教堂

二楼（2nd Floor），共4个主题展厅：

1. 远东和中亚艺术

2. 伊斯兰中东艺术

3. 拜占庭艺术

4. 闭馆或临时展览

参观冬宫博，如果你想把已开放的展厅全部浏览一遍，走马观花模式最少也得1天的时间。如果你还想在名画名作前多停留一会儿仔细品味一番，所需时间则因人而异，一般来说3—7天不等。那些对欧洲绘画情有独钟的"画粉"，可能需要的时间会更长一些。在这里你可以看到**欧洲绘画史上几乎所有知名画派及其最伟大画家的作品**，包括古典主义、新古典主义、浪漫主义、现实主义、超现实主义、立体主义、表现主义、印象派、后印象派、野兽派、巴洛克风格、洛可可风格等等，

＊佛兰德斯（Flanders）：西欧历史地名，主要区域在现在的比利时、卢森堡等地。现如今，佛兰德斯并不代表某个特定的行政区域，仅表示一个文化概念上的区域。

可以说参观冬宫博的藏画展，就如同阅读了一部欧洲绘画史。而本书也将结合冬宫博的具体藏画对上述部分画派、风格进行实例解读，让你从欧洲美术"小白"（外行）一步晋级至达人水平，就问你惊不惊喜、期不期待！

参观守则

起初，冬宫建筑群中的艾尔米塔什只是叶卡捷琳娜女皇自己或邀请一些密友一起欣赏画作等艺术品的一座隐秘宫殿。当时女皇对前来艾尔米塔什欣赏艺术作品的参观者有着非常严苛且又"奇葩"的规定：

1. 禁止携带帽子和佩剑入宫
2. 无论什么理由，都不允许有傲慢的情绪存在
3. 不得损坏任何物品
4. 可依照个人习惯坐、立、行，无须考虑他人感受
5. 不得大声喧哗
6. 不要因冲动而争论
7. 禁止叹气和打哈欠
8. 要将听说的丑事遗忘，不要带出宫殿
9. 尽享美食，但不要醉酒

对于违反这些规定者，将被惩罚喝——凉——水！必须说，在俄罗斯那种天寒地冻的气候环境下喝凉水确实是一个伤害性不大、震慑性极强的"酷刑"。

如今，200余年过去，这些当初的参观守则早已随着历史远去。而现在冬宫博的参观守则基本上与世界各博物馆的规定大同小异，在此不赘述。

好啦，冬宫博的简介就先说到这儿。最后，再补充一句：相比于世界四大博物馆中的大英、卢浮宫、大都会博物馆，冬宫博的亮点与特色在于它庞大雄奇的宫殿建筑和豪华奢靡的宫廷陈设，这些极度奢华的宫殿装饰装潢仿佛在向人们炫耀着俄罗斯帝国曾经的辉煌与富足。

G 楼（Ground Floor）共计 8 个主题展厅：

1. 西伯利亚文物
2. 中亚文物
3. 希腊和罗马文物
4. 高加索文物
5. 古埃及文物
6. 欧亚古物
7. 古代近东文物
8. 近东的武器和盔甲艺术

一楼（1st Floor），共计13个主题展厅：

1. 俄罗斯文化
2. 宫殿内饰
3. 法国艺术：15—18世纪
4. 西班牙艺术
5. 德国艺术
6. 英国艺术
7. 弗兰德艺术
8. 荷兰艺术
9. 荷兰艺术
10. 意大利艺术
11. 西欧中世纪艺术
12. 西欧武器和装甲
13. 冬宫大教堂

二楼（2ⁿᵈ Floor），共 4 个主题展厅：

1. 远东和中亚艺术
2. 伊斯兰中东艺术
3. 拜占庭艺术
4. 闭馆或临时展览

艾尔米塔什博物馆

AIERMITASHI

BOWUGUAN

入场

世界豪梯之最：冬宫博物馆的约旦大使楼梯

约旦大使楼梯

❀ 约旦大使楼梯与"约旦大使"

走进冬宫博,最先迎接观众的就是这座堪称世界上最富丽奢华的楼梯——"约旦大使楼梯"[1]。

什么?约旦大使楼梯?有没有搞错!

艾尔米塔什宫殿建于18世纪,而"约旦"作为国家之名,最早是1921年的"外约旦酋长国",两者相差了百余年。换句话说,18世纪的俄罗斯不可能有"约旦"驻俄罗斯的大使,更不可能有约旦大使楼梯。这到底是怎么回事?

嗯,你一定听说过"喜大普奔"这类网络用词。它把喜出望外、大快人心、普天同庆、奔走相告4个成语的首字组合在一起,构成了一个新的四字词语。而最早发明这类词组的人很可能就是俄罗斯人,"约旦大使楼梯"便是物证,嘿嘿。

约旦大使楼梯,正常理解它应该是"约旦大使使用的楼梯""约旦大使曾经走过的楼梯"或者"约旦大使捐赠的楼梯"等等,总之它肯定得与约旦大使有关。但是你错了!约旦大使楼梯和约旦大使没有任何关系,就如同"喜大普奔"一样,它是"约旦楼梯"和"大使楼梯"两个词组装而成的新名词。

约旦楼梯: 建造于1754—1762年,它是整座宫殿建筑群中的主楼梯。由于俄罗斯是东正教国家,故每年主显节之日,皇宫都要举行隆重的宗教仪式。宗教仪式开始时,人们从主楼梯上走下来,走出皇宫,前往涅瓦河举行象征洗礼的盛大仪式[2](皇宫就在涅瓦河边)。人们在涅瓦河的冰面上凿出一个冰洞并举行相关仪式,于是此时涅瓦河之水就象征了基督耶

---

1. 楼梯建筑设计者:巴尔托洛梅奥·弗朗切斯科·拉斯特雷斯(Bartolomeo Francesco Rastrelli),意大利人。建造年代:1754—1762年。1837年冬宫火灾后,1838—1839年,由建筑设计师斯塔索夫指导复建。
2. 主显节跳进涅瓦河浸泡冰水,以此庆祝主显节的宗教仪式一直保持至今。有关新闻中也曾多次报道过普京总统在主显节时浸泡冰水的画面。

稣受洗时的圣约旦河的河水，人们浸泡其中进而完成整个仪式。因为这一过程是一年中神圣又重大之事，人们便将这座楼梯命名为"约旦楼梯"。

大使楼梯：约旦楼梯作为皇宫的主楼梯，每当沙皇接见外国使节时，大使们便通过这座楼梯前往金銮殿的接见大厅去面见沙皇。因此，这座楼梯又被称作"大使楼梯"。

由于"约旦楼梯"和"大使楼梯"一个象征着神圣的信仰，一个是实用功能的体现，两者实难二选一，于是，人们索性就把它们合并成了一个新名词：约旦大使楼梯。有意思的是，某年约旦国王侯赛因·宾·塔拉勒（Hussein bin Talal）到访冬宫博时听说了"约旦大使楼梯"的来历后，国王也觉得这个名字非常有趣。（国王心想：俄罗斯人这"脑洞"真不是一般的清奇，愣是把两个完全不搭的事撮合在了一起，而且还撮合得这么和谐美满，毫无违和之感。）

巴洛克风格的楼梯

约旦大使楼梯是一座具有欧洲风情的巴洛克风格的楼梯。

所谓**巴洛克（Baroque），原意是指"不圆的珍珠"**，源于葡萄牙语"Barroco"，意为"形状不规则的珍珠，异形珍珠"。人们借用这个词来嘲讽17—18世纪欧洲各地相继出现的那些偏离古典主义**稳重风格**的艺术作品，包括绘画、雕塑、建筑等门类。因此，早期"巴洛克风格"是一个贬义词，它表达了对那些不守古典传统规则的艺术作品的讽刺。但是后来，当人们回首望向过去时，却发现这一类的作品生动而富有激情，充满了动感的活力。于是，"巴洛克"逐渐失去了原有的贬义，特指代表17世纪初至18世纪上半叶风行于欧洲的一种艺术风格。

由巴洛克风格的定义可知，巴洛克风格是打破了传统古典主义规则束缚的一种新风格，其关键词是**打破传统规则**。那么，什么是传统规则？以古典主义传统规则所创作的艺术作品有哪些特点？打破了传统规则的巴洛克风格又呈现出怎样的一种艺术特色？下面我们通过几组建筑、雕塑和绘画的实例，来具体认识什么是古典主义风格，什么是巴洛克风格。

首先说什么是古典主义风格。

古典主义：古，古代、以古为师，即以古希腊、古罗马（艺术）为师；典，经典、典范；主义，理念、宗旨、思想等。（此解释仅限本书话题下。）

古典主义风格：以古希腊、古罗马时期的艺术创作原则为标准、为典范所创作的艺术作品，其风格即被称为"古典主义风格"。

古典主义风格的兴起：16世纪末17世纪初，意大利悄然出现了一种新的艺术风格——古典主义风格。其特点是作品具有高贵、典雅、端庄之气。这种艺术风格产生的背景是，当时动荡的时局导致艺术界处于一种混乱状态，各种艺术风格百花齐放、杂乱无章。在这种状态下，有些人想通过办艺术学院的方式来传承古代希腊和罗马的经典艺术，以使古典艺术风格成为艺术作品的主导方向。1590年，欧洲最早的美术学院在意大利诞生，其宗旨是继承古希腊、古罗马艺术传统，教授古典艺术精华。之后，一些具有古希腊、古罗马艺术风格的作品逐渐涌现出来，人们称这种风格为"古典主义风格"。

古典主义艺术的创作原则（简说）：作品追求**高贵典雅、端庄静穆、均衡稳重的理性气质**。

古典主义艺术作品典范： 古典主义最著名、最杰出的作品之一，是古代雅典人在雅典卫城山顶所建造的帕提侬神庙（Parthenon Temple）。

希腊雅典帕提侬神庙遗迹

希腊雅典学院

帕提侬神庙（现仅存建筑残迹），是古希腊人供奉雅典娜（Athena）女神的神庙，建于公元前447年，是古希腊建筑中最伟大的典范之作，也是希腊最著名的名胜古迹之一。透过它仅存的建筑残迹，我们今天依然能够感觉到它那充满理性的高贵气质，并且整座建筑给人一种稳定的平衡感。**"高贵、典雅、肃穆、稳重、平衡"是古典主义风格所必须具备且遵守的原则与规则**（记住哦，后面会一直用到）。任何时候，你看一件艺术作品，你想知道它是否属于古典主义风格，你就拿上述标准去衡量它，符合上述标准者就是古典主义风格的作品，反之则不是。

来看具体案例。

案例1： 希腊雅典学院建筑。

希腊雅典学院建筑，公元19世纪建造，坐落于希腊雅典市区内。将近代的雅典学院建筑与距今2000多年前的古希腊帕提侬神庙进行对比，不难看出，前者无论从形制还是风格上都神似后者，完全符合"高贵、典雅、肃穆、稳重、平衡"的古典主义创作原则。因此，雅典学院是古典主义风格的建筑。同理，符合上述创作原则的绘画作品，谓之古典主义绘画，文学作品谓之古典主义文学，音乐作品谓之古典主义音乐，等等。

案例2：希腊雅典国家考古博物馆建筑。

以古典主义的标准"高贵、典雅、肃穆、稳重、平衡"衡量之，同样可以认定它是一座古典主义风格的建筑。

这里我们看到，古典主义风格的艺术作品根据其制作年代的不同，实际上又可分为古代和后世两类：1. 古希腊、古罗马时期所创作的艺术作品，也即古典主义的本源作品，如帕提侬神庙；2. 后人以古希腊、古罗马的艺术作品为标准、为模板所创作的具有古代艺术风格的仿古作品，如希腊雅典学院建筑和希腊雅典国家考古博物馆建筑。按照古典主义的定义，本源作品与仿古作品都属于古典主义风格的作品，但我们通常所说的古典主义风格，多指后世以古代经典为范本所创作的艺术作品。

希腊雅典国家考古博物馆

冬宫博物馆

案例3： 冬宫博物馆建筑。

以古典主义的标准来衡量冬宫博，很明显冬宫博不符合古典主义"高贵、典雅、肃穆、稳重、平衡"的标准——它太花哨了！甚至花哨得有些刺眼。尽管我们在其中也能看到一些古典主义建筑的影子，如建筑外立面中的大量圆柱式结构，就是借鉴了古希腊、古罗马的建筑形制。但是，古典主义强调必须严格遵守其创作规范，必须符合理性、静穆、庄重的艺术品位。而冬宫博外立面缤纷亮丽、激情四溢的建筑形象显然是超出了古典主义所定义的边界。因此，古典主义群断然不能接受这种不端庄、不稳重者加入。古典派们在群规中明确规定了入群条件：1. 必须认同**以古希腊、古罗马文化艺术作为最崇高、最完美的艺术标准；**2. 必须严格恪守古典文化艺术**重理性、重规范、重技法的创作理念**……

然而，问题是，那些自带叛逆基因的"异形珍珠"不愿意接受古典主义群所规定的条条框框，他们要按照自己的理想去放飞艺术的翅膀。于是，各种打破陈规、标新立异的作品相继惊艳登场，人们遂以"巴洛克风格"冠名之以示嘲讽。巴洛克风格从原来理性、典雅的古典主义范式中冲脱出来，追求一种**绚丽、繁复、宏大且富有动感和戏剧性**的艺术境界，创造了耳目一新的视觉冲击力。其突出特点：**极度张扬，强烈动感**，外加，**超级绚烂！**甚至可以说它是一种炫富的艺术。

仔细看冬宫博建筑，其明丽的色彩、繁复的装饰，以及因阳光的照耀致使凹凸有致的外立面呈现出明暗变化，进而形成的一种带有节奏感的动势，并由此展现出的张扬气势，完美地诠释了巴洛克风格所特有的富华之气。而这也正是冬宫博的主人当初选择巴洛克风格的用意所在：强大富足的俄罗斯帝国，必须张扬！必须炫富！（冬宫博内部装饰也多为巴洛克风格，如约旦大使楼梯。）

通过上面的案例，我们对古典主义风格与巴洛克风格有了一定的感性认识。那么，在实际观览过程中，如何能够快速辨识出一件作品是否为古典主义风格或巴洛克风格呢？在此分享给大家辰馆私藏的"一眼识别法"（下称"一眼法"）：

1. 古典主义风格：偏重理性、典雅、崇高、均衡，如果以人物形象做比喻，它比较贴近英国绅士范儿。德国著名艺术史学家温克尔曼对古希腊艺术有一句经典评述：**高贵的单纯，静穆的伟大**。这句话被认为是判定古典主义风格的快捷密钥。所谓单纯，指的是作品中不带有多余的装饰或修饰，如雅典学院、雅典国家考古博物馆，它们在外形上没有任何花哨的装饰，完全给人一种"高贵的单纯"之感，而冬宫博的形象则很不"单纯"。因此，"高贵的单纯，静穆的伟大"可以作为快速识别古典主义风格的标尺。当然，你也可以以是否具有英国绅士范儿来一目了然地做出判断（英国绅士的仪容、仪表向来一丝不苟不逾矩）。

2. 巴洛克风格：具有强烈的动感、动势以及绚丽的色彩。如果以人物形象做比喻，它很像都市的时尚青年，浑身散发着动感的活力，且衣着光鲜亮丽。这里的光鲜亮丽并非仅指色彩上的花红柳绿、五彩缤纷，也指整体形象花里胡哨，有很强的装饰感。因此，动感+绚丽是巴洛克风格的标志，也是快速判定其风格的标尺。

接下来，咱们就用这两把标尺去对具体作品做一个快速鉴定。

案例4：罗马帝国皇帝安东尼斯·皮乌斯*立像。

案例分析：

1. 人物形象气宇轩昂，具有一种理性、睿智、高贵的气质，无额外修饰，展现了高贵与理性之美，符合"高贵的单纯"之标准。

2. 神情肃穆，体态庄重，给人以静穆之感，符合"静穆的伟大"之标准。

由上可判定这是一件古典主义风格的雕塑作品。

再看其创作年代：公元2世纪，创作者：古罗马人，则确定该雕塑为古典艺术的本源作品，是后世古典主义作品所尊崇的范本。

罗马皇帝安东尼斯·皮乌斯立像
作者：古罗马人
年代：公元2世纪
材质：大理石
现展陈于冬宫博G层希腊和罗马文物展厅

---

* 安东尼斯·皮乌斯（Antoninus Pius），公元138—161年在位。

案例5： 塔利亚女神*雕像。

案例分析：

1. 完全符合一眼法中古典主义风格的标准，故判定其为古典主义风格作品。

2. 依据创作年代可知，其为古典主义本源作品。

但是注意！这件文物的铭牌上写着"古罗马人仿古希腊人原作的仿制品"字样。也就是说，这件作品真正的本源、样板是由古希腊人所创作的，之后又被古罗马人复制。之所以要强调罗马人复制希腊人作品这件事，其核心是要表明古典主义真正的本源作品来自古希腊人的创作。古希腊艺术是欧洲艺术的源头、原初，古罗马人在此基础上继承并延伸了古希腊艺术。不过，按照古典主义的定义，尽管古罗马人制作的是复制品，但它仍归属于古典主义本源作品阵营。

塔利亚女神雕像
作者：古罗马人
年代：公元前3—前2世纪
材质：大理石
现展陈于冬宫博G层希腊和罗马文物展厅

*塔利亚（Thalia），希腊神话中的女神。

案例6：伫立于希腊雅典大学草坪上的先贤雕像，制作于公元19世纪。

案例分析：

一眼看去，其人物形象绅士范儿十足，且没有纷繁的装饰（修饰），符合一眼法中古典主义风格的判定条件，故该雕像属于古典主义风格。

雅典大学先贤雕像

案例 7： 意大利罗马《特雷维喷泉》*。

案例分析：

首先来看这组《特雷维喷泉》所展现的场景（画面）。它由一组群雕构成，画面中，站在巨大贝壳上的海神波塞冬正驾驭着两匹嘶昂的烈马奔驰在波涛汹涌的大海上。人们在观看这组雕像时，脑海中会自动播放由视觉信息反射出的动态画面：嘶鸣的骏马，翻腾的海浪，威猛的海神……

前面说了，巴洛克风格的特点之一是具**有强烈的动势感和戏剧感**，这在《特雷维喷泉》中展现得非常明显。人们不仅在其中看到了波塞冬和骏马在大海中驱波逐浪的"动感"画面，还联想出了画面背后的丰富情节，完美对接上了巴洛克风格的特点。而反观雅典大学先贤雕像，人们则无法从雕像本身联想出它的动势与剧情。因此，《特雷维喷泉》毋庸置疑属于巴洛克风格，而先贤雕像则肯定不是巴洛克风格。

特雷维喷泉

* "特雷维（trevi）"在意大利语中意为"三岔路"，该喷泉因处于三岔路口而得名。

下面再来看，在绘画方面，古典主义风格与巴洛克风格各自的特点。

案例8：《圣母与圣子》蛋彩画。

案例分析：

从画面看，整幅画的画风庄重、肃穆、典雅、安宁、理性，具备最典型的古典主义风格特点。毫无疑问，这是一幅古典主义风格的绘画作品。

蛋彩画通常绘制在一层石炭或石膏的底子上，之后它很快会干（蒸发），并在氧化后变硬、变得不可溶解，在干燥的环境下画作可以很好地保存下来。

小知识

蛋彩画，也称丹培拉画（Tempera），指一种使用胶画颜料的绘画方法。其中的胶由水质与油质的乳胶组成。由于乳胶的主要成分是鸡蛋，故得此名。上述定义用通俗话说，就是：我们画画所使用的颜料需要加"水"调和后才能使用。这个"水"可以是油，也可以是水，还可以是鸡蛋液，由此而形成了以颜料分类的绘画类别：水彩画、油（彩）画、蛋彩画。

圣母与圣子

乔瓦尼·迪·皮特罗（1450？—1528）
现藏冬宫博意大利艺术展厅

好啦！案例就此打住，这些都属于引出主角的前戏，而真正的主角是——让我们把话题和镜头切回到本文的主题：巴洛克风格的约旦大使楼梯。

天顶画《奥林匹斯》
加斯帕尔·迪兹亚尼（Gaspar Diziani），
水彩画，18世纪

沿约旦大使楼梯拾级而上，仰头向上看，便是大厅顶篷上的巨幅画作《奥林匹斯》天顶画。画作表现了奥林匹斯众神在天上的生活情景，它仿佛是在暗示奥林匹斯众神正在俯瞰人间大地，抑或是在隐喻皇宫里的日子就像天上的神仙般逍遥自在。整个画作色彩明亮、富丽堂皇，云舒霞卷的动势感凸显了巴洛克风格的特点：千姿百态的众神仿佛随时都会从天上飘落人间。（对比前述的古典主义画作《圣母与圣子》，两者的风格立见不同。）

特别要说的是，此处的天顶画原本是意大利著名画家提香的作品，遗憾的是它毁于1837年的冬宫大火。之后，《奥林匹斯》被从皇家库房中取出并置于天篷上。

除了天顶画，整座大厅也都充斥着巴洛克华丽动感的格调。大厅四壁以及与天篷的连接处都装饰有希腊神话题材的雕像，它们分别象征着忠诚、公平、永恒、智慧等；雄壮的蓝色大理石擎天柱支撑起巨大的天顶，使整座大厅看上去高大宏伟、富丽堂皇；描金柱头、漆金木雕以及镶金灯具等将大厅映照得金光灿灿，让人一走进来立刻就被这奢侈浮夸的场面狠狠地"震慑"了一下，颇有刘姥姥进大观园的感觉。或许，这也正是冬宫的主人和设计者刻意想要送给到访者的一份特殊"见面礼"（下马威）——感受一个集荣耀、辉煌、富足、奢华、骄傲、彪悍于一身的俄罗斯帝国的强者形象。

约旦大使楼梯

071

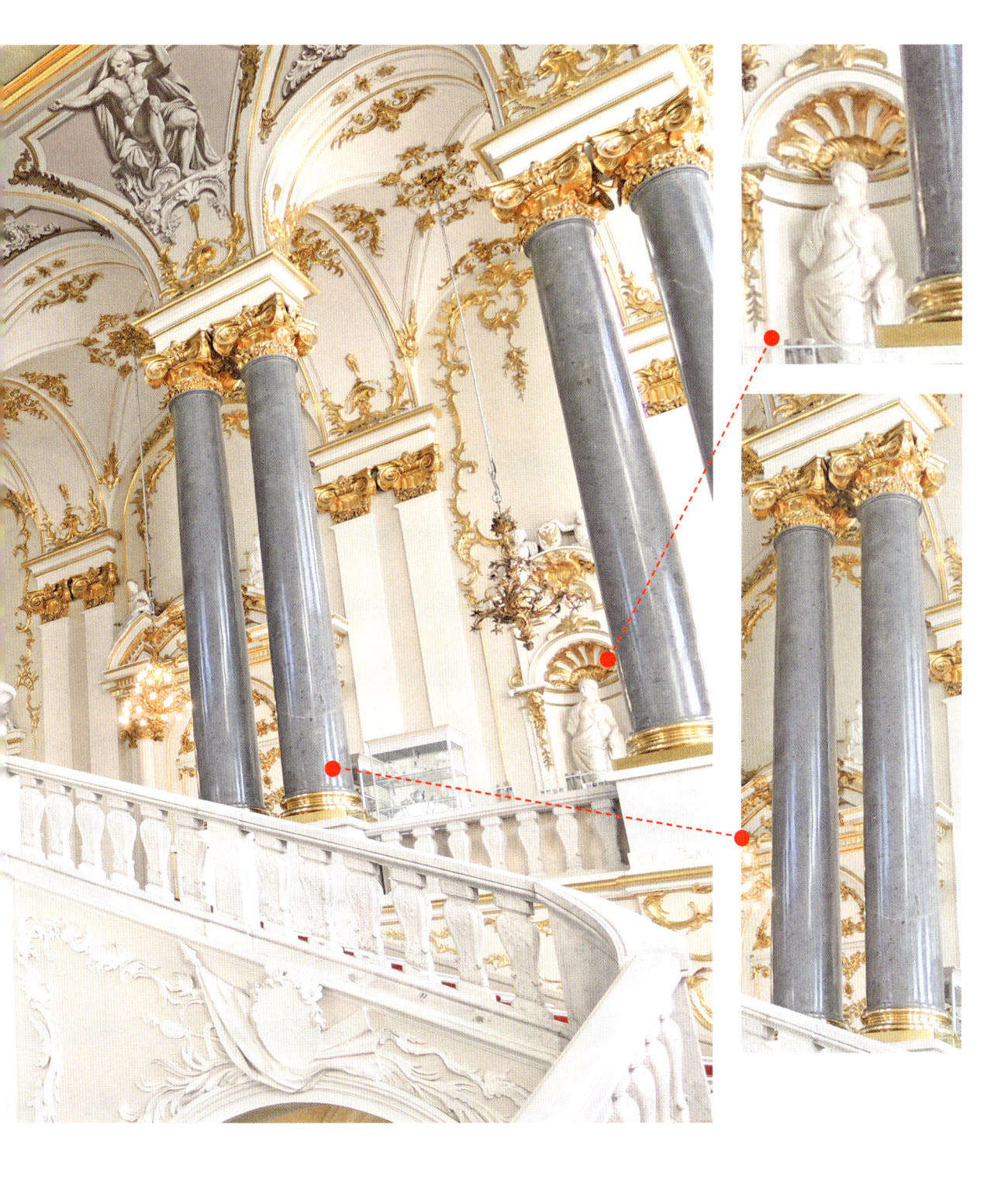

约旦大使楼梯

约旦大使楼梯希腊女神雕像

  由面向涅瓦河的正门进来,首先看到的就是这座楼梯。走上楼梯,再经由左、右两侧的楼梯就上到了二楼。

由约旦大使楼梯上到二楼，迎面便是一个大厅。大厅的两个出口各自连接着一个长廊，它们分别通向不同的展区。观众走进大厅，也就意味着冬宫博的参观之旅由此正式开启。

　　鉴于冬宫博展厅数量庞大，展品种类繁多，且展厅顺序也并非依据历史脉络来布置，以及本书容量等原因，故本书仅选取了部分具有代表性的重器藏品与大家分享、导览与解析，并按照同类原则将它们分为四大板块：装饰类板块、历史类板块、艺术类板块、杂项类板块，以方便大家能够系统地了解与认识冬宫博所藏的各类珍宝。同时，也便于大家在观览过程中将看到的宝物与此进行对照或参考，进而更多、更全面地欣赏冬宫博宝藏。

装 饰 篇

ZHUANGSHI PIAN

  作为罗曼诺夫王朝的皇宫，冬宫在建造之初，就吸引了俄罗斯乃至全欧洲最有名（优秀）的设计师、建筑师参与到它的设计与建造中。毫不夸张地说，冬宫是由当时最有钱的金主＋最优秀的设计师、建筑师共同打造的一座世界上最富贵、最奢华的皇家宫殿。毋庸置疑，它是一座从里（内部设计装潢、装饰）到外（建筑外表）都令人震惊的皇宫。尽管1837年的一场大火使冬宫几近烧毁（只剩下建筑框架），但在之后的大规模重建修复工程中，不差钱的罗曼诺夫王朝依旧请来了欧洲最大牌的建筑师为其设计与建造并主持了修复工程。因此，复建后的冬宫看上去相较之前更加的富丽堂皇、雍容华贵，也即我们现在所看到的冬宫博。

  观览冬宫博，我们首先从"装饰类"看起。

光芒璀璨的冬宫博物馆奢华灯具

装饰篇这一部分，主要集合了冬宫博部分展厅在装潢、装饰上的风格特色以及所展示的珍稀名贵等内容，如照明灯具、拼花地板、展厅装饰物等等。观众在大开眼界的同时，也深为俄罗斯帝国曾经的富足与奢靡所惊叹。

首先，让我们把视线看向宫内的照明用具。

镀金吊灯 / 亚历山大大厅

❀ 照明灯具

冬宫博共有展厅300余间，每间展厅的照明用具都各不相同，它们描金绘银，美轮美奂，美不胜收。这些金光熠熠的照明用具，就像是一面镜子，映照出了俄罗斯历史上最强盛的罗曼诺夫王朝不可一世的皇家气派——张扬、浮夸、绚烂、穷奢极侈……

冬宫博的照明用具大致可分为3类：厅堂屋顶上的吊灯（蜡烛），展厅内的烛台，长廊中的烛台。需要说明的是，尽管我们现在在宫内所看到的照明器具都是电灯的形式，但在当时（18世纪），俄国最普及的照明方式（器具）却是烛台+蜡烛。这些灯具在当时全都是以蜡烛作为光源，且每个照明器具上都插有几十或几百支蜡烛不等。（为叙述方便，本文仍以"吊灯、壁灯、灯具"等称之。）

❀ 吊灯

镀金吊灯 / 圣乔治厅

镀金吊灯 / 白厅

细节一

细节二

细节三

镀金吊灯 / 黄金厅

细节一

细节二

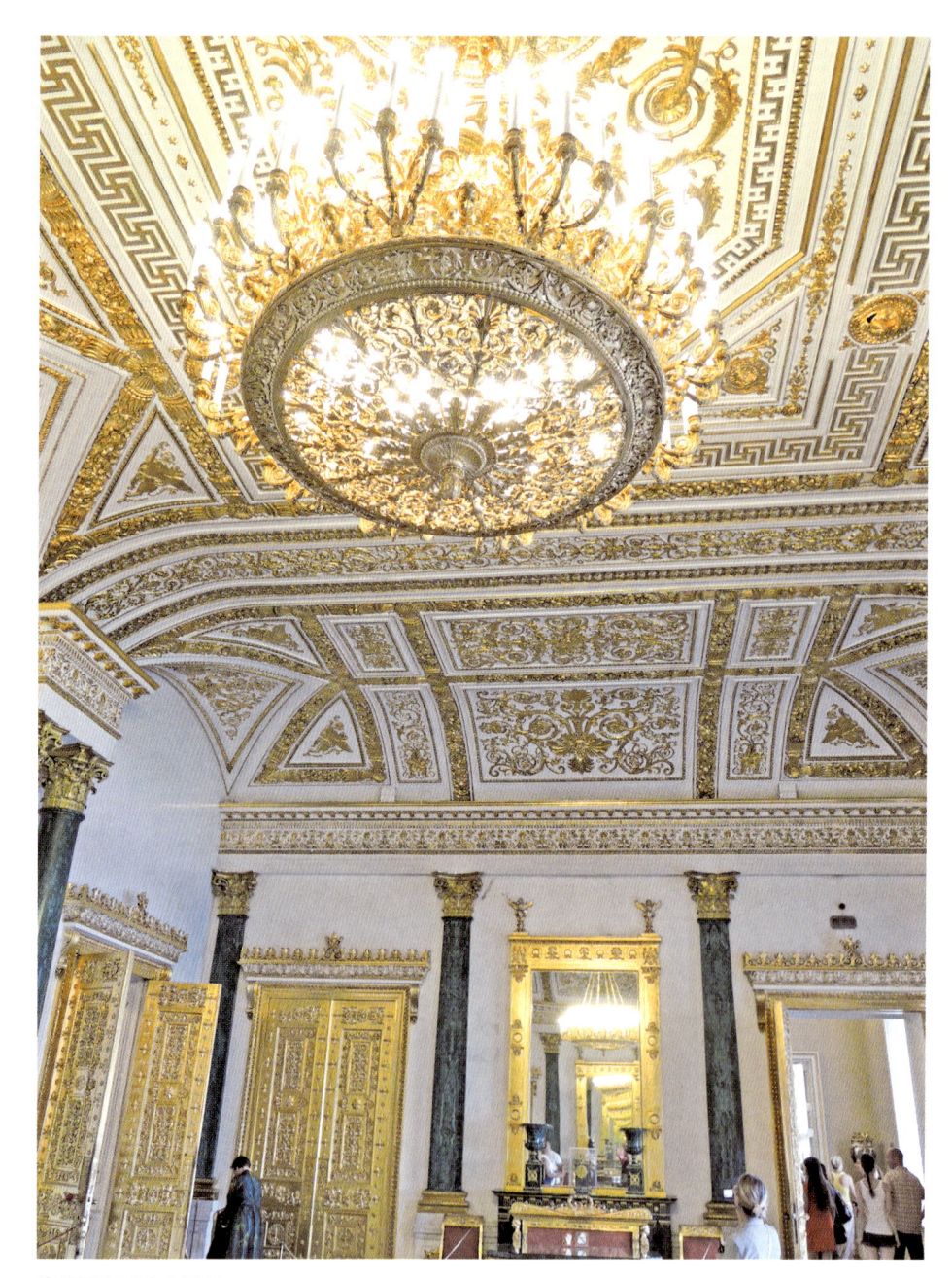

青铜吊灯 / 孔雀石厅

青铜吊灯 / 徽章厅

    冬宫中的灯具多以金属（铜、铁）制作，然后再在金属的外表镀上厚厚的黄金，看上去金碧辉煌，给人一种用黄金制作的错觉。

    无论是铁艺、铜艺还是镀金工艺，这些灯具的工艺细节都令人叹为观止，惊羡不已。

镀金水晶吊灯 / 空中花园亭台楼阁厅

　　进入19世纪后，这种水晶吊灯在欧洲大为流行。蜡烛的火焰照射在水晶珠上反射出晶亮华丽的光芒，将整个楼阁厅映照得熠熠生辉。

　　布都阿乐（Boudoir）厅是玛丽亚·亚历山德罗芙娜皇后（亚历山大二世之妻）在宫中的闺房，也被称作"红色闺房"或"皇后小客厅"。该闺房被特意设计成"凹"形，以体现它的私密性。

镀金吊灯 / 布都阿乐厅

人们走进布都阿乐厅会立刻感到眼前一亮，因为它太光灿耀眼了，眼花缭乱这个词就像是专为它而定制的。这里不仅天花板上的吊灯造型妖娆多姿，就连房间中最细小的装饰物也都呈现出娇娆妩媚的姿态，整个房间看上去充满了热闹欢快的气氛。

或许，此时你心里在想："这间小客厅的画风似曾相识，好像在哪儿见过？"

是的，它很像巴洛克风格：画面明快、灵动，如同一位青春洋溢的时尚青年。不过，你再仔细看，它似乎又与时尚青年不太一样，它的画风更像是一个山花烂漫的少女。它，就是巴洛克风格的升级版：洛可可风格。

洛可可，Rococo，源于法语"rocaille"，意为"假山""贝壳状"，意指一种精致的、纤巧的、柔美的、繁缛的、多漩涡形曲线的、极富装饰性的艺术风格和样式。**它的突出特点是，纤细、华丽、繁缛。**

巴洛克风格与洛可可风格都具有明快灵动的特点。那么，我们如何快速区分它们呢？

辰馆密藏的"一眼法"在此再次奉献给各位：

1. 形象识别法。虽然巴洛克与洛可可在风格上都比较花哨，但巴洛克相比于洛可可还是稍逊风骚。如果以时尚男青年来比喻巴洛克风格，那么烂漫小女生就是洛可可的形象代言人。因为少女的形象总是缤纷明媚、纤巧迷人的，就像是把春天穿在了身上一样；而帅哥的形象则往往是刚健有力，俊朗洒脱，如同酷帅的秋天一般。因此，尽管帅哥、少女们都非常用心地在装扮自己，但因装扮的方向（风格）不同，所呈现出的效果也就不同。巴洛克风格于明艳动感中带有刚健之美，而洛可可则于明媚欢快中透着柔和之媚。

2. 繁缛鉴定法。洛可可风格最、最、最大的特点就是繁缛！我们说巴洛克的特点是繁复，而洛可可的特点是繁缛。繁复与繁缛究竟有何区别？不用查字典，辰馆告诉你：繁复的N次方就是繁缛。比如，当一种装饰（建筑装饰、室内装饰、家具装饰、服装装饰等）的复杂程度是你能够接受的，那么这个程度的级别就是繁复；而当这个程度，复杂到让你眼花缭乱无法忍受的地步，这个程度的级别就是繁缛。洛可可就属于这种复杂到有可能引发密集恐惧症发作的繁缛级别（有点夸张）。（自行对比布都阿乐厅的装饰风格与约旦大使楼梯的装饰风格，区别立见。）

但是，必须补充一句，由于每个人的审美喜好不同，故而对于繁缛的接受力也就不同。有些人觉得洛可可风格画蛇添足，大俗特俗；也有些人觉得它美出了精彩、美到了极致。譬如，18世纪的法国贵族们就大爱、特爱洛可可风格，因为它把炫富、享乐演绎到了极致。

洛可可风行于18—19世纪的欧洲贵族圈，最早发端于18世纪的法国。又因为盛行于法国国王路易十五统治时期，因此也被称为"路易十五风格"。它主要是为迎合当时贵族中的享乐主义而出现。彼时王公贵侯们认为已有的巴洛克风格已经无法满足他们对炫富、享乐的追求，或者说，他们对巴洛克风格所展现的炫富、享乐的效果不满意、不满足。按他们的想法，家里的戒指多到拿簸箕撮，为什么却只在手上晒出1枚？难道不应该10根手指都戴满吗？又为什么不能把豪宅设计成超级奢华版，让走过、路过的人一看便知这是有钱人家！于是，在这种追求奢华享乐之风的市场驱动下，一种比巴洛克风格更加花哨、更加夸张、更加繁复、炫富力度更加生猛的装饰风格——洛可可风格应运而生。

洛可可风格首先亮相于建筑装饰上。之后，洛可可之风逐渐扩展到室内陈设、家具、服装、艺术（绘画、雕塑、音乐）等领域，在欧洲风行了一个多世纪，代表了18—19世纪欧洲贵族的审美品位与生活情趣。

俄罗斯皇室，作为当时欧洲富豪榜上的显贵，无论是主动还是被动，都一定会把"洛可可"迎进皇宫，因为它代表了当时欧洲上流社会的流行风尚与审美，布都阿乐厅就是这种背景下的产物。

说到底，**洛可可风格是一种贵族艺术**。

"洛可可"在最初的时候，与"巴洛克"一样都带有贬义，只是到了后来（19世纪），人们回望过去时，才认识到它的艺术价值，成为今天人们所说的一种中性词。

❋ 烛台

18世纪时，俄罗斯最普及的照明器具就是烛台。冬宫作为俄帝国时代的皇宫，其奢华富丽的程度透过皇宫中的各种豪华烛台可见一斑。

烛台一般由底座、枝柄与蜡烛台三部分组成。冬宫的烛台大多是以金属制作，然后再辅以各种装饰，如孔雀石底座、瓷艺枝柄等。其装饰风格紧随欧洲流行时尚而动，如巴洛克风格、洛可可风格等。

冬宫的烛台看上去都非常奢华，有些甚至是震撼！这些烛台的制作工艺极其复杂与精致。而类似于这种极度繁复的装饰设计在冬宫中比比皆是，并不仅限于灯具。究其原因，主要是之前俄国一直处于贫穷落后状态，因而始终不入欧洲强国之流。因此当它强盛之后就总有一种要把欧洲皇室们比下去的心态。当这种思路被贯穿于冬宫的设计时，就变成了我们今天所看到的装饰效果——豪！很豪！特别豪！10根手指都戴满了大金嘎子的那种"豪"。

孔雀石烛台 / 意大利厅

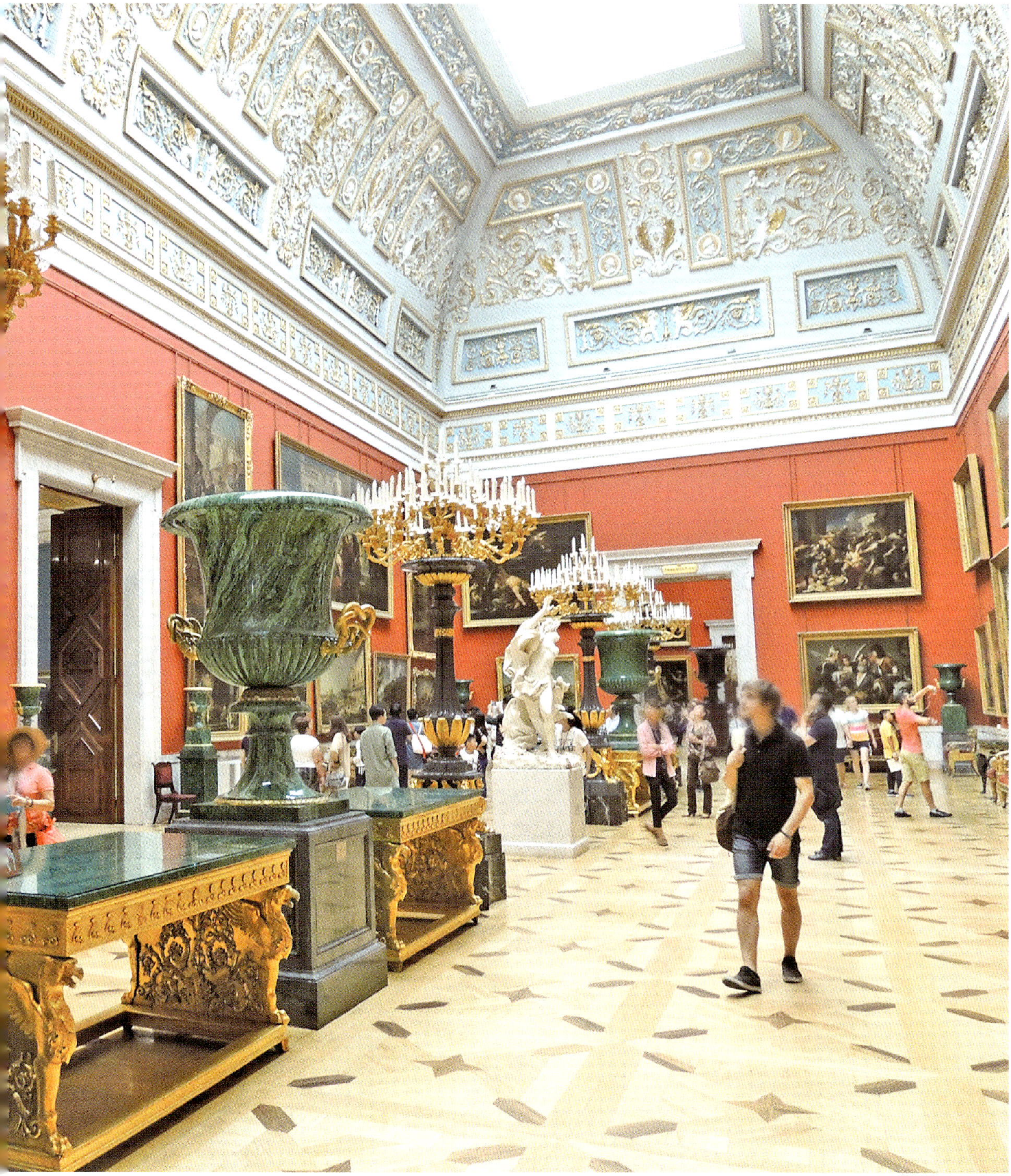

瓷瓶烛台 / 黄金厅

雕像造型烛台 / 冬宫展厅

❋ 烛台的历史

说到烛台，我们顺带了解一下它的历史。

远古时期，人类最早的照明来自天火。古人看到雷电引燃了树木，于是就用燃烧的树枝架起了火堆。**火堆是人类最早制作的照明物**。

后来，古人又把动植物的油脂涂抹在树枝上，并将其点燃，**制作出了人类第一个移动照明用具——火把**。（更多细节详见《走遍世界博物馆》系列丛书《墨西哥国家人类学博物馆》中《人类第一次烧烤的场面竟是如此生猛》一文。）

《说文通训定声》中有"未爇曰燋，执之曰烛"之记载。意思是未燃的火把称为"燋"，用手执举的、燃烧的火把谓之"烛"。也就是说，**"烛"的本义是"手执的燃烧的火把"**。

人类由野外生存转为室（穴、洞）居后，烛（火把）显然不适用于新的生活环境，于是，"油"烛诞生了——人们将苇草插在融化的动物油脂里做成了"灯芯苇草烛"。这种烛的体积要比火把小得多。考古学家们在埃及、希腊、罗马的古代遗存中都发现了这种油脂烛。

之后，人类在使用油脂烛的过程中逐步解决了冒黑烟（加罩）、烛泪接收（加烛台）等问题，并最终制造出了我们现在所使用的环保、清洁、便携式蜡烛（石蜡制品）。

烛台，这样一个几乎家家都有的小物件，因为换了场景，来到了强盛时期的俄罗斯皇宫，故随之变身为集富贵、华丽于一身的精美艺术品。哼哼，主人强势，烛台亦彪悍！

雕像造型烛台 / 冬宫廊厅

造型烛台 / 冬宫展厅

镀金雕像造型铜烛台 / 冬宫展厅

由金、木、珐琅、瓷器、宝石等多种材质装饰的烛台　　　　　镀金烛台 / 冬宫展厅

镀金瓷瓶烛台 / 黄金厅

冬宫地板有讲究，天地之间有呼应

实木拼花地板

这一章，我们把目光看向地面——冬宫中的实木拼花地板。

与夸张、繁复、豪气到让人不忍直视的冬宫室内装饰相比，冬宫的拼花地板却呈现了极为优雅的格调。其图案丰富美丽，高贵大气，彰显了俄罗斯帝国曾经的霸气、富足与豪奢。

与我们平常所见的用三五种木料拼图制成的普通拼花地板不同，冬宫的拼花地板是以16种（或以上）优质木材的天然木纹拼制而成，其图案之复杂、工艺之精美令人惊叹叫绝！

实木拼花地板

　　冬宫拼花地板的图案之所以丰富多彩，除了与设计师、能工巧匠的高超技艺以及俄罗斯沙皇的炫富、奢靡心理有关外，最为关键的是俄罗斯拥有丰富的植物资源。

　　俄罗斯幅员辽阔，地大物博，自然资源十分丰富，尤其是植物资源。其森林覆盖面积约为1125.06万平方公里，**占国土面积的65.8%，居世界第1位**。同样，其木材蓄积量也居世界第1位。如此丰富的植物资源，为俄罗斯人制作出独具特色的木艺制品提供了得天独厚的条件。而俄罗斯人也没辜负上苍所赐予的这片世界最大"绿洲"，不仅打造出了令世人惊叹不已的冬宫拼花木地板，还出品了俄罗斯套娃、彩绘木雕等诸多叹为观止的木艺制品，世界各地到访俄罗斯的观光客无不以购买其木艺品作为旅游纪念品之首选。

096 | 俄罗斯艾尔米塔什博物馆

由于冬宫的拼花地板太过精美，很多观众都不忍心踏足其上，人们走过、路过都自觉地避开那些精美的画面。

如果你细心看，你会发现冬宫的拼花地板几乎很少有翘起、凸出或是变形的现象。当然，这绝不是因为人们不忍心踩上去。事实上，也有不少观众或旅行团就那样呼啦啦地一踩而过了，并且穿什么样鞋的人都有，高跟鞋、带有鞋掌的鞋等等。只能说，冬宫的地板确实很给力！其抗踩踏力与耐磨力都非常强，惊人的强！

让冬宫地板经得起千人踏、万人踩的一个重要原因是它的铺装工艺。

与普通地板相比，拼花地板虽然图案更加丰富多彩，装饰效果也更显高贵气派，但是，其安装（铺设）难度（要求）却要比普通地板复杂、困难得多。普通地板若想日后不翘、不凸、不变形，除了选用合适板材外，铺设过程中还要注意原地面的清洁与防潮等事项。尤其是防潮，必须做到一点水分都不能存留（很多家庭地板出现翘凸变形的问题，大多是地板与地面之间存有水汽的缘故）。

皇宫地板的铺设，其工艺要求显然要远高于普通家庭的装修。因此，冬宫的地板在防潮的处理上必定精益求精，以使它能够经得起岁月的考验。

另外，铺设拼花地板，比起普通地板来，更为费工、费时、费心。它不仅要求工匠们要准确地拼对图案，**还要根据图案去确定铺设方向**，这一步如果没做好，最终成品的效果很可能会使整个房间显得非常"别扭"，俗话说"跑偏"。因此，铺设拼花地板最考验技艺的是工匠们的"拼花"能力。

通常，拼花的方向应顺着阳光照射的方向，这样铺出来的画面效果给人的视觉感比较舒适。而整座冬宫的拼花地板都给人以美丽优雅的视觉感觉，足见工匠们对于操作这样大面积的拼花地板所具有的专业水准以及他们所付出的艰辛劳动。

别有风情的是，在一些大厅，如圣乔治大厅，其地板与天花板之间还有一种"天地相配"关系：地板的拼花图案与天花板上的镀金图案是"天与地"的对应关系——两组图案一模一样。（除了天花板图案两侧的国徽图案外，其他图案都一一对应，俄罗斯人认为国徽不能被踩在脚下。）

最后特别提醒各位，参观冬宫博，在看到脚下精美绝伦的地板时，别忘了仰头看看它上面的天花板。

圣乔治大厅"天地对应"装饰图案

俄罗斯皇宫有多豪！你用宝石做项链，它拿宝石铺桌面

本章，我们把目光扫向天花板与地板之间的展览空间——冬宫博中的装饰摆件。

冬宫博中各展厅、廊厅等场所的装饰摆件非常多，大到巨型石盘，小到精巧壁挂，它们每一件都价值连城，非同寻常。限于篇幅，我们主要观赏来自俄罗斯特产的部分孔雀石类工艺品以及部分以黄金装饰的工艺摆件。

冬宫小广场中的孔雀石装饰柱

孔雀石镀金女神像支脚花盘　　　　　孔雀石青铜镀金装饰瓶 / 意大利厅　　　　孔雀石青铜镀金装饰瓶 / 廊厅

　　俄罗斯是世界上孔雀石的著名产地之一。1830年前后，俄罗斯乌拉尔地区发现了丰富的孔雀石矿，孔雀石工艺因此得到蓬勃发展，其工艺制品也随之兴旺繁荣起来。冬宫博中就珍藏有许多大型的孔雀石工艺制品。

　　孔雀石，宝石的一种，是一种珍稀的古老玉料，其因颜色酷似孔雀羽毛上斑点的绿色而得名。

　　孔雀石品质的优劣主要在其颜色、纹路与质地3个方面。优质的孔雀石颜色呈不透明的孔雀绿色，并且纹路清晰、结构致密、质地细腻。在保证颜色、纹路与质地的前提下，孔雀石的体积越大就越珍稀，譬如左图这件孔雀石镀金女神像支脚花盘，其颜色之纯正、纹路之清晰美丽、体积之巨大、工艺之精致皆令人叹为观止。

孔雀石大厅（局部）

孔雀石铺面六方桌

孔雀石青铜镀金装饰瓶 / 孔雀石大厅　　　　　　　　　　孔雀石立柱 / 孔雀石大厅

　　冬宫博中专门有一间展示孔雀石工艺制品的大厅——**孔雀石大厅**，一个以孔雀石作为装饰主基调的大厅。这里曾是尼古拉一世之妻亚历山德拉皇后的会客大厅，也是冬宫中最著名、最豪华的大厅之一。此厅当年按照尼古拉一世的旨意，以名贵孔雀石对室内进行了全方位的装饰，彰显了作为皇家会客大厅的尊贵品位。

孔雀石装饰瓶 / 孔雀石大厅

生活在世界上孔雀石著名产地之一的俄罗斯工匠，依据天时、地利创造出了一种非常复杂的孔雀石装饰工艺——"**俄罗斯式马赛克**（Russian mosaics）"。该工艺流程（简说）：首先将孔雀石切割成薄细的切片；然后将薄切片粘贴在圆柱上，再用孔雀石粉填满切片间的细缝；最后将其表面磨光。孔雀石大厅的立柱、壁炉、桌面等采用的都是这种俄罗斯式马赛克工艺进行的装饰。其巧夺天工的技艺，令人赞叹不已！

冬宫廊厅中的巨型宝石花盘

孔雀石装饰瓶细节

孔雀石大厅中以孔雀石做的装饰，共计用掉了约2.2吨上品孔雀石。而在当时能够享用孔雀石做装饰的人，绝大部分也就是给自己做件项链、耳坠之类的，能够进行如此大规模的厅堂装饰者，非财大气粗的俄罗斯帝国莫属。正所谓：你用宝石做项链，它拿宝石铺桌面。人比人……算了，还是别比了。

玉石人物造型摆件／廊厅

巨型高脚宝石花盘

　　特别要提醒大家的是，参观孔雀石大厅除了感受各种孔雀石艺术品工艺之精良、体积之巨大，别忘了仔细看它的颜色与纹路，哦，那真是美得沁人心脾！

　　除了孔雀石，乌拉尔地区以及西伯利亚所盛产的碧玉、角砾岩、斑岩等彩石也都被广泛地用于装饰艺术。

　　凭借地理优势，冬宫博的石艺制品不仅石纹清晰优美、工艺精良上乘，最重要的是它们的**体量都巨大**，充分体现了石艺制品取材方便的好处。譬如，这件巨型高脚宝石花盘，若

科雷万花盘

非就地取材并打造，怕是很难有人愿意冒长途运输被毁损的风险，来定制这样一款超大型的石艺制品。而冬宫博则因为近水楼台，几乎每个展厅都摆放有这种大型石艺制品。

科雷万花盘（Kolyvan Vase），是冬宫博中最著名的大型石艺制品，号称是世界上最大的石质花盘。**其长短直径分别为4.5米和3米，高2.57米，重19吨，是用一整块乌拉尔碧玉雕凿而成**，耗时12年。据说当年从产地运到冬宫博时曾动用了120匹马来牵拉，而它落户冬宫博后就再也没挪过窝。

冬宫博中展示有大量的石雕工艺装饰瓶，它与世界各地其他一些博物馆中所展示的各种瓶类器物有所不同——**体量巨大**，几乎每个瓶子的高度都在1米以上，作为各展厅的装饰摆件，它们十分夺人眼目。

俄罗斯乌拉尔山脉的斯维尔德洛夫斯克是世界著名的玫瑰石产地之一。透过这件玫

> **小知识**
>
> 玫瑰石是一种硅酸盐矿物，产于各种锰矿石中，主要用做装饰石料及石雕制品。其颜色在浅粉至红色间，有玻璃光泽。玫瑰石表面被氧化后常会出现一些黑色，主要是锰氧化物等所致。

瑰石装饰瓶，我们可以真实地感受到上品玫瑰石所拥有的颜色、花纹、光泽等质感及其优雅的造型所呈现的美感。

看到这里，你有没有发现，与这种天青石青铜镀金装饰瓶风格相同的工艺大瓶在冬宫博中出现的频率特别高，很多展厅、廊厅、隔间、过道中都有它的身影。是的，这种风格的装饰瓶被称为美第奇型花瓶（装饰瓶）*，其造型"具有古典轮廓之美"。

玫瑰石装饰瓶

---

* 作者认为，这种造型的大瓶称为"装饰瓶"更为准确。一是因为它本身就是用来做装饰的；二是因为它体量巨大，不太可能用来插花。称之为"花瓶"，或是其形似花瓶的原因。

金饰小童浮雕装饰瓶　　　　　　天青石青铜镀金装饰瓶　　　　　　天青石青铜镀金装饰瓶

  装饰瓶一般是由底座与瓶身两部分组成。底座部分通常是青铜材质，然后以镀金装饰；瓶身部分常选用不同的宝石、瓷等材质，并以镶金、描金或镀金进行装饰。下图这件青铜镀金白瓷釉上彩装饰瓶就是由青铜镀金底座与白瓷釉上彩瓶身以及瓶肩部的镀金双耳三部分组成的。

小知识

美第奇（Medici）家族是意大利佛罗伦萨著名家族，该家族曾诞生过4位教皇、2位王后。在欧洲文艺复兴中，该家族起到了非常关键的作用，是文化与艺术的慷慨赞助人，曾赞助过多位后来成名的大艺术家，如米开朗琪罗（Michelangelo）、达·芬奇等。特别要说的是，当年年仅14岁的米开朗琪罗为美第奇家族的掌门人洛伦佐·德·美第奇慧眼所识，以至这个14岁的天才少年可以随意进出美第奇宫殿，去学习、观摩大量美第奇家族收藏的艺术品。或许可以这样说，没有美第奇家族就没有后来的米开朗琪罗。

青铜镀金白瓷釉上彩装饰瓶（局部）

青铜镀金白瓷釉上彩装饰瓶

冬宫博的装饰瓶系列中，除了以孔雀石、天青石等各种宝石作为瓶身主体，也有很多以"金色"为主色的装饰瓶，一眼望去，宫殿内金光洋溢，处处彰显着无尽奢华的皇家气派。

青铜镀金天青石装饰瓶（局部）

青铜镀金天青石装饰瓶

青铜镀金青花瓷装饰瓶

希腊红绘图案描金陶瓶

走遍欧洲不用愁，凭这三样，秒懂欧洲建筑

这一章，我们把目光看向冬宫博的装饰立柱，或者说装饰圆柱。

这些装饰圆柱由各种玉石、玫瑰石、大理石等材质制作，在起到装饰美化作用的同时，它们也是冬宫博建筑结构的重要组成部分。这些粗大的圆柱虽然不是几千年传下来的老古董，但是它里面所包含的历史信息绝不亚于老古董的文物价值，其中蕴藏的是一份弥足珍贵的文化遗产。

看懂这些粗大的立柱，我们需要了解一点儿欧洲建筑史，它不仅让你在参观冬宫博时对这些雄壮立柱了然于心，也会在你出游欧洲或世界各地时，对那些欧式建筑不再茫然无知。看懂了这些立柱也就看懂了绝大部分欧洲建筑的风格与样式。

冬宫博中的科林斯式装饰柱

欧洲建筑的源头是古希腊建筑。欧洲建筑的风格大多源于古希腊建筑的形制与规范，而古希腊早期建筑最伟大、最主要的成就就是神殿建筑。

古希腊人建造了宏伟、传世、不朽的神殿建筑，这主要与古希腊人的宗教信仰和独特的祭祀方式有关。古时，世界各地的先民们为了祭天敬神曾分别建造了各具文化特色的寺庙殿堂，这些寺庙殿堂在当时是该时代最伟大的建筑，并且大多数寺庙殿堂对内部环境的营造都极为用心、用力，其主要原因是，这些国家（地区）的先民们的礼天敬神仪式（如佛教、基督教等的仪式）都是在寺庙殿堂内进行的。而古希腊人的祭祀仪式却有所不同——他们的敬神活动主要是在神殿外面进行，也即信众们大多时候是站在神殿之外的。于是，建筑的外观就成了希腊神殿最被重视的部分（相当于其他不同文化对寺庙殿堂内部的重视），故而，神殿建筑最外面的支柱（廊柱）也就成为重点装饰对象。

围廊式建筑：赫菲斯托斯神庙（雅典）

古希腊神殿的建筑风格通常被称为"环柱围廊式",即神庙主体建筑的四周环绕着多根圆柱的建筑形制,简称"围廊式"。前文提到过的帕提侬神庙,就是最著名、最典型的围廊式建筑,遗憾的是经过几千年岁月的剥蚀,其神庙主体建筑部分如今早已毁损殆尽,仅剩下一些残缺的环廊石柱了。其原本的样子应该是赫菲斯托斯神庙(雅典)的建筑式样——建筑四周由粗壮的装饰石柱围绕而成。

希腊早期的神庙建筑并非一开始就是围廊式,它是经由前廊式—前后廊式—围廊式发展而来的。我们简说一下这个发展过程:

世界各地的早期建筑一般都是由梁柱式起始,也就是柱子+房梁的建筑形式。由于各地自然环境不同,柱、梁的取材也有所不同,有的是木材,有的是石材等。但不管何种材质,支柱和房梁都是建筑结构中最重要的部分。对于古希腊人来说,早期建筑中石材是最常用的建筑材料。

当一座(石)神殿建好后,接下来就进入对它进行装饰的阶段——人们需要把它塑造成一个神圣之地,以使信众对它产生一种仰视和崇敬感。由于希腊人是在神殿的正门外举行活动,因此人们便首先在神殿建筑的正门前加装了数量不等的石柱(2根、4根或更多根石柱),并对石柱进行修饰,使它们看上去具有了美感、庄重感和崇高感。由于此类石柱是加装在了神殿建筑的最前端,故被称为"前廊式"神殿(对照赫菲斯托斯神庙建筑,把它想象成一个只有正前面带有柱子,后面三边都不带柱子的建筑,这便是前廊式神殿的样式)。

之后,人们又想到,如果神殿的后面也加上廊柱,岂不是更雄伟、更壮观了吗?于是又有了"前后廊式"的神殿形制。再后来,又发展出了更为气派的四周全都加上廊柱的"围廊式"神殿形制。

回到本文主题,我们重点说廊柱,也即石柱。

古希腊建筑中的石柱主要由**柱础、柱身、柱头**(柱子与顶梁之间的装饰部分)三部分组成,附带有底座和柱顶两部分,合在一起统称为"柱式"。

古希腊建筑最主要的柱式有3种:**多利克式**(Doric Order)、**爱奥尼克式**(Ionic Order)、**科林斯式**(Corinthian Order)。各位一定要狠狠记住这3种柱式。记住它们,包你走遍欧洲不用愁,秒懂欧洲建筑。

柱头 —— 多利克式

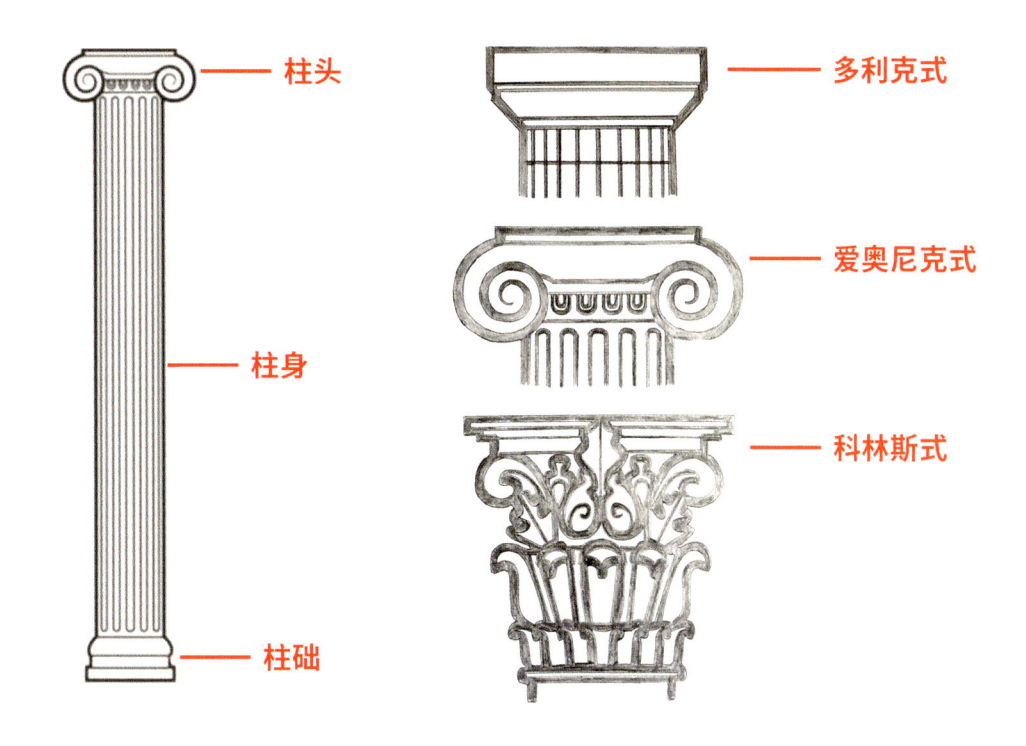

柱身 —— 爱奥尼克式

柱础 —— 科林斯式

1. 多利克式

最早出现的柱式为**"多利克式"**。多利克式没有柱础，仅有柱身和柱头两部分。其柱头由圆盘＋方形柱冠组成，没有任何装饰；柱身部分则做了垂直凹槽式的装饰。

传说人们最初在为神殿建造柱子时，为柱身与柱础的比例以及它的美观犯了愁。人们不知道柱子到底应该多高才符合建筑本身以及公共美观的要求。于是，人们把目光转向了英俊健硕的希腊男子。之后，人们便以健硕男子的身形比例作为柱高与柱身比例的模板。再后来，因为雄伟的多利克杜式完美地复制了希腊男子健硕、刚劲的形象，因此它也被称为"男性柱"。

希腊雅典卫城帕提侬神庙的柱式就是多利克式。

帕提侬神庙的多利克柱式

冬宫博中的多利克柱式不是很多，或是因为多利克柱式比较简单，不能很好地展现俄罗斯皇宫的奢华之气吧。

冬宫博中的多利克柱式

2. 爱奥尼克式

有了男性柱，必然就会产生"女性柱"。

较之多利克柱式粗壮且柱头无装饰的特点，爱奥尼克柱式则有了"进步"——向下涡卷的柱头装饰 + 带有24条凹槽的柱身 + 柱础。并且它的柱身纤细秀美，宛如一位气质优雅的贵妇。因此，爱奥尼克柱式也被称作"女性柱"。

希腊雅典卫城著名建筑之一的伊瑞克提翁神庙（Erechtheion），就是古希腊建筑中爱奥尼克柱式的典型代表。

希腊雅典卫城伊瑞克提翁神庙

冬宫博中采用爱奥尼克柱式进行装饰的房间非常多，因为本书容量原因就不在此一一图示了。大家在了解了它的形象后，可以去现场感受它的细节之美、优雅之美。需要说明的是，古希腊的3种经典柱式在之后的发展过程中，或多或少地被后人做了改进，**形成了新的变体形式**，但整体范式还是遵古的。如冬宫博入口大厅的这些爱奥尼克柱，它们的柱身就没有凹槽，完全是光滑的柱子，但柱础和柱头却依然是典型的爱奥尼克柱式。因此，大家在冬宫博或世界各地游览时，只需要记住经典柱式的标准形象，然后将其与观览之物进行比照，即便是观览物采用了变体，我们也仍然能够透过现象看本质，看出其所属柱式。

冬宫博入口大厅的爱奥尼克柱式

冬宫博中的爱奥尼克式装饰柱

冬宫博中的爱奥尼克式装饰柱　　　　　　　　　　冬宫博中的爱奥尼克式装饰柱

3. 科林斯式

在男性柱、女性柱之后，古希腊人又创造出了"少女柱"——科林斯柱式：更加纤细优美的柱身 + 以茛苕*叶装饰的**形似花篮的柱头** + 柱础，看上去就如同花季少女般妩媚迷人。

由于科林斯柱式既活泼又庄重的特点，其深得人们的喜爱，成为建筑中最常用的柱式。这种柱式在冬宫博中也较其他两种柱式为多，非常出色地衬托出了帝国皇宫的豪华富丽形象。

冬宫博中的科林斯式装饰柱

*茛苕，音 gèn sháo，原产自欧洲的一类草本植物的总称。

冬宫博中的科林斯式装饰柱

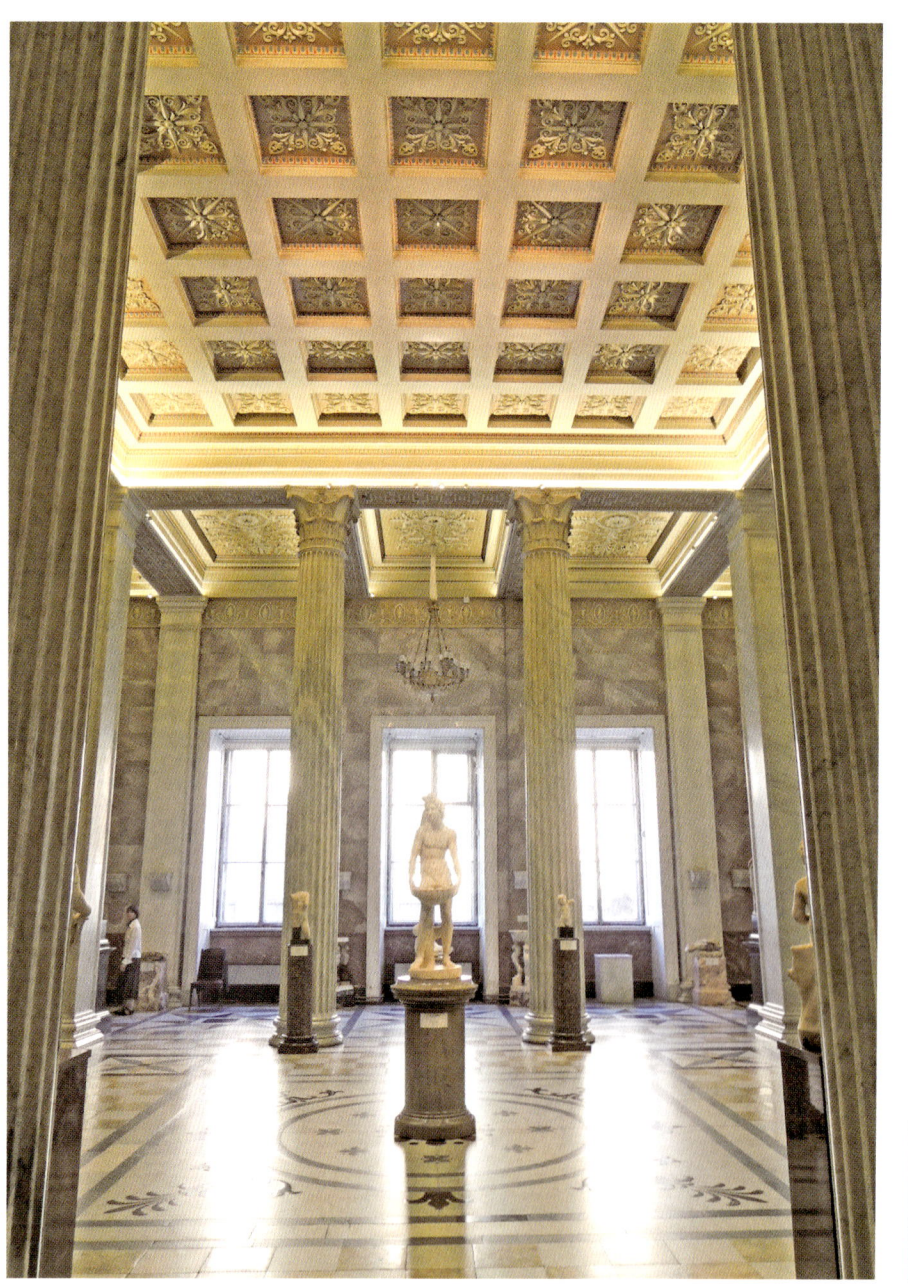

冬宫博中的科林斯式装饰柱

古希腊建筑是西方建筑的鼻祖与开拓者，其美学典范至今深深影响着欧洲建筑的风格。今天我们去欧洲旅行，无论在哪个国家，我们所看到的欧式建筑几乎都离不开"古希腊柱式"的范式。而这些柱式又必定离不开多利克式、爱奥尼克式以及科林斯式这3种经典范式（或它们的变体）。非常幸运的是，这些经典柱式在冬宫博中不仅都能看到，而且案例的数量还非常之多，观众仿佛进到了一座古希腊建筑经典柱式的博物馆。

　　最后悄悄地告诉各位：如果你去意大利古罗马斗兽场，请注意观看它的残墙断壁部分，就是那个出镜率最高、最著名的部位：**它集齐了多利克式、爱奥尼克式、科林斯式3种古希腊柱式**。辰馆在此特别提醒各位：别只顾着陶醉在它的残缺之美中，而忽略了它本身非常重要的历史文化信息。

意大利古罗马斗兽场

俄罗斯皇宫有多豪!以黄金全方位、无死角装饰整座宫殿大厅

冬宫博中的装饰装潢,若论耀眼程度和价值昂贵程度,排名第一的非金饰莫属。除了宫殿各处的金饰装潢装饰,冬宫博中还专门有一间**以黄金全方位、无死角装饰的大厅:黄金客厅**,昭显了俄罗斯帝国往日的极度奢侈与霸气。本章我们就将目光看向冬宫博的金饰装饰。

冬宫博黄金客厅

首先来看黄金客厅。

黄金客厅，是亚历山大二世为皇后玛丽亚·亚历山德罗芙娜皇后所建的会客厅。

亚历山大二世在俄国历任沙皇中算是一个改革派，他废除了农奴制，修订了司法制度等，是俄国历史上3位大力改革的沙皇之一。不过，这位亚历山大二世在咱中国人的眼里却是一个贪得无厌的掠夺者，正是在他的任期内，我国清政府失掉了150万平方公里的土地。1881年，亚历山大二世遇刺身亡。

黄金客厅最初的设计只是想把它与尼古拉一世之妻亚历山德拉皇后的孔雀石厅做一个呼应，没想到最后竟搞得如此奢侈豪华。归根结底，主要原因有两个：一是此时俄罗斯国力强盛，有实力奢侈；二是俄罗斯本土黄金储量丰足，有能力奢侈。**俄罗斯的黄金储量居世界第3位，**背靠这个厚实的家底，将皇宫大面积、大范围以黄金进行装饰，把黄金挥霍到无所不用其极的境地，也算是物尽其用了，毕竟从古至今炫耀富贵都是以黄金做背书的。因此，当他国的皇宫只能用黄金在墙上做点缀装饰时，富有的俄罗斯皇宫却可以以黄金为墙，而以装饰物做墙上的点缀，不得不说是把"黄金是财富的第一象征"之功能炫到了极致。

走进黄金客厅，第一感觉就是被金光照得头晕目眩——整座大厅的墙壁全方位、无死角地被厚厚的黄金（镀金）覆盖。

黄金客厅一隅

黄金客厅中的镀金墙

黄金客厅中的镀金墙

黄金客厅镀金雕花门

黄金客厅描金雕花天顶

在冬宫博的金饰装饰中，有的是纯金装饰，有的是镀金、鎏金、描金装饰。镀金、鎏金、描金都是常见的黄金工艺装饰技法，不同的工艺技法所展现的装饰效果不同。

镀金： 使用电镀的方法给物体表面镀上一层金。镀金分同质材料和异质材料镀金两种。同质材料镀金，如金戒指镀金，可以使原本的金戒指色泽更加明亮，光芒耀眼。异质材料镀金，如铜壶镀金，可产生"金壶"的效果，除了提高观赏性，其本身价值也得到了提升。（被镀金的材质并不仅限于金属，也可以是其他材质，如玻璃等。）

冬宫博中的门、家具、吊灯、烛台、装饰瓶等很多器物的装饰都采用的是镀金工艺，它们给人一种黄金的质感效果。

鎏金： 将金溶于水银中，再将金汞合液涂抹于器物表面，加温后器物表面的水银蒸发，金则附在了器物表面，这个过程即为"鎏金"。我们常见的"金佛像"有些就采用的是鎏金工艺。鎏金制品的优点是金层细腻饱满、有较好的质感，故常用于佛像的制作。

冬宫博中收藏的一些佛教造像就是鎏金工艺所制。

佛教造像卡拉萨姆瓦拉

年代：16—17世纪
工艺：铜鎏金
产地：中国西藏
现展陈于远东和中亚艺术展厅

描金： 描金一般是以手绘的方式进行。即以描金笔蘸取金粉或金水对装饰对象进行描绘以达到金饰的目的。描金工艺的优点：美观、光亮、成本低（用金较少）；缺点：时间长了容易掉色。宫殿建筑中常以描金绘银进行装饰，但是到了一定的时间就需要再重新描绘（金）一次。

冬宫博中的一些门、窗、天顶上的雕花采用的就是描金工艺。

137

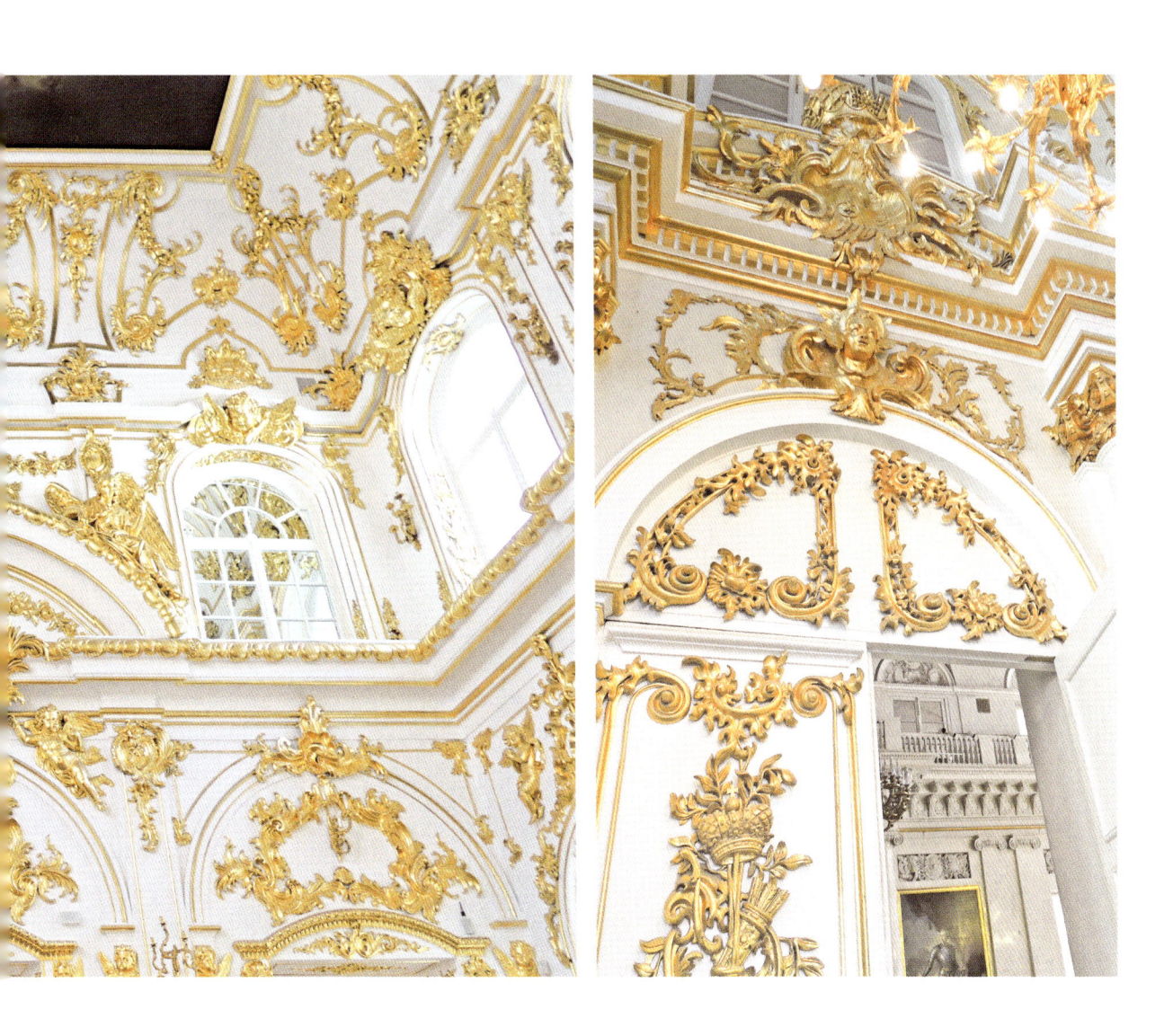

冬宫博中以镀金雕花装饰的门

冬宫博中的科林斯式金饰立柱

说实话，辰馆在黄金客厅转了很久，这组法国制作的黑檀木镶金橱柜都没有吸引到辰馆的注意力。只能说，无论多贵重的东西放在这金光灿灿的黄金客厅中也都成了摆设，成了陪衬，也都会显得黯然失色。

如今，黄金客厅被用来展示冬宫博藏的珍贵宝石与琥珀艺术品。这些由西欧珠宝大师精雕细琢的稀世珍宝——玛瑙、紫水晶、缟玛瑙等艺术品，均来自从叶卡捷琳娜女皇时代开始的收藏。现在，黄金客厅已然成为全欧洲收藏珍宝最丰富的藏地之一。

在黄金客厅看得久了，有种眼冒金光的感觉，以至看自己的衣服、鞋子时也都金光泛起，光芒耀眼。情不自禁地拍打了一下衣服，哇哦！果真有金粉泛起！

眼真的花了！

黑檀木镶金橱柜

历 史 篇

LISHI PIAN

冬宫博中有很多有关俄罗斯历史的展厅，如彼得大帝厅、元帅大厅、徽章大厅等。这些展厅中分别展出了罗曼诺夫王朝部分帝王的遗物、卫国战争将士们的画像以及一些重大历史事件的实物遗存等，为观众了解俄罗斯如何从东欧平原上的一个贫穷闭塞小国，壮大成为欧洲强国的发展历程，提供了一个直面实物的感知形式，丰富了观众对俄罗斯历史的认知维度。

彼得大帝亲手盖的宫殿，屋顶仅比他高半米

"

历史板块，我们以"彼得大帝厅"开篇。

彼得大帝厅（The Peter Hall），是为纪念俄罗斯最伟大的帝王、俄罗斯帝国的缔造者——彼得大帝而特别修建的一座大厅，也称"小金銮殿"。彼得大帝厅建于1833年。1837年著名的冬宫大火即始发于此厅的通风管道。大火后，此厅于1838—1839年复建。

彼得大帝是俄罗斯历史上最具影响力的帝王，是俄罗斯历史上仅有的两位大帝之一。其主要功绩：1. 力行改革，将积贫积弱的俄罗斯带入了现代化；2. 打下波罗的海出海口，实现了梦寐以求的海洋贸易，振兴了国家经济；3. 扩张国家版图；4. 建都圣彼得堡。

彼得大帝厅

彼得大帝

彼得大帝（1672—1725），是罗曼诺夫王朝的创建者米哈伊尔一世的孙子。但由于他不是长子长孙，故其上位之路异常曲折与血腥。其幼年时曾被驱离莫斯科的克里姆林宫，直到17岁时才重新回到宫内，成为罗曼诺夫王朝皇权的并列掌控人，后于24岁时独揽皇权。

大权在握后，彼得大帝即对当时的俄罗斯实施了大刀阔斧的改革，包括政治、军事、教育、经济等多个领域。尤其是在富国强军方面，他通过设立军校、实施招募制度等改革方略，实现了俄罗斯向军事强国的转变。

彼得大帝的改革为俄罗斯带来了焕然一新的面貌。同时，彼得大帝也高瞻远瞩地看到了海洋贸易对国家发展的重大战略意义：当时的欧洲强国西班牙、葡萄牙、荷兰、英国等都是通过海洋贸易等逐步走上了海外扩张之路，他们从海外殖民地和海洋贸易中赚了个盆满钵满，使国家迈入了欧洲强国之列。而俄罗斯要想做大、做强，也必须打通海上贸易通道。而海洋贸易最重要的就是要拥有出海口，没有出海口，俄罗斯就没有生存之路、发展之路、强大之路。

彼得大帝镶嵌画肖像

米哈伊尔·瓦西列维奇·罗蒙诺索夫
镶嵌画，89厘米×69厘米，1754年

画面中的彼得大帝身披铠甲和貂皮礼袍，佩戴着蓝色云纹绶带。这幅画以切割成不同形状的、深浅不同的蓝色玻璃块构成，在不同的角度和光线下观看，会产生不同的画面效果。

在地理上，俄罗斯是世界上拥有最长海岸线的国家之一，其海岸线总长超过3万公里。它的陆地北接北冰洋、东濒太平洋，是一个东、北两面全部被海洋包围的国家，甚至可以说其东、北两面几乎处处都是出海口。然而，这些出海口由于气候原因，一年中大部分时间都处于冰冻期，故而它们不是国家战略所需要的理想出海口。而俄罗斯人看中的西、南方向的理想出海口（不冻港），此时早已是别国的囊中之物。俄罗斯人要想获得这些出海口，就必须通过战争来解决。于是，1700年，彼得大帝果断地与当时控制了波罗的海出海口的霸主瑞典宣战，其目的就是要夺得波罗的海的控制权，为俄罗斯打出一个出海口。

这场史称**"北方战争"**的俄瑞之战**整整打了21年**（俄国人是铁了心要拿下这个出海口）。最终，俄国人赢得了战争的胜利，实现了对波罗的海的控制权，得到了梦寐以求的出海口。自此，瑞典国力大衰并逐渐退出了欧洲强国之列，而俄罗斯则因此叩开了欧洲强国之门。

彼得大帝青铜半身像

卡洛·巴尔托洛梅奥·拉斯特雷利（Carlo Bartolomeo Rastrelli）、让·诺伊斯蒂（Jean Noisette）
巴洛克风格，高102厘米，1723—1730年

雕像中的彼得大帝身穿盔甲和貂皮衣袍，佩戴着绶带和勋章，胸前是一些描绘战争场景的浮雕。

一个理想的出海口对俄罗斯不仅意味着对外扩张的可能和打开了与世界进行贸易往来的窗口，更重要的是，它可以建立海军来防御入侵之敌，把侵略者拦截在国门之外。因此，出海口对于国家战略来说意义重大，而能够打下出海口的君主就成为俄罗斯名垂千古、照耀万代的伟人、大帝[*]，最厉害的两位就是彼得大帝和叶卡捷琳娜大帝——**彼得大帝**打下了**西向**的波罗的海出海口，解决了俄罗斯从西边的波罗的海出港与西方世界进行交往的通道问题；**叶卡捷琳娜大帝**打下了**南向**的黑海出海口，解决了俄罗斯从南边黑海至地中海通往大西洋与世界进行贸易往来的通道问题。叶卡捷琳娜作为女性君主，在打仗方面也丝毫不输须眉，硬是拿下了黑海出海口这块极为难啃的骨头，因此被后世颂为"大帝"。

　　彼得大帝留给后世俄罗斯的宝贵遗产绝不只是一个通向世界的出海口，他还为后人留下了一座美丽的海滨城市——圣彼得堡。

　　1704年，彼得大帝下令开发紧邻波罗的海的边境之地圣彼得堡（当时是一片沼泽地），并在圣彼得堡亲手建起了一座小木屋——**彼得木屋**。木屋高2.5米，而彼得大帝的身高是2.04米（迄今为止世界上身高最高的帝王），屋顶仅比他的身高高不足半米。木屋建好后，彼得大帝就带着皇后高兴地住进了这座自己亲手建造的"皇宫"中。如今，这座木屋所在的地方名叫"兔子岛"（一说岛的形状似兔子，一说岛上有很多兔子的雕像），也称"彼得要塞"，是圣彼得堡最著名的名胜古迹之一，每天都吸引了来自世界各地的络绎不绝的参观者。而岛上的彼得木屋也被作为重要历史遗物保护起来——在木屋的原地建造了一座新建筑，这个建筑把彼得木屋完整地罩在了里面。

---

[*]伊凡雷帝曾打下里海出海口。里海、波罗的海、黑海是俄罗斯最具战略意义的出海口，3位君王也因此成为俄罗斯历史上仅有的名字后面带"帝"的伟大帝王。

被罩住的彼得木屋一隅

彼得木屋中的书房

彼得木屋中最大的房间面积为23.5平方米，它曾是彼得大帝的书房。房间的桌子上摆放有彼得大帝当年用过的烟斗，它的造型非常奇特，颇有艺术感。最令人惊奇的是，桌子旁边的扶手椅竟是彼得大帝亲手所做。话说彼得大帝去西欧访学时就曾学过木工，单从这把椅子来看，这手艺绝对是出徒了。

彼得木屋中的卧室

彼得木屋中的卧室面积仅为6.72平方米。在盥洗台附近摆放有彼得大帝曾经用过的手杖，以及一个由他的手印铸成的铸模。手模是1707年彼得大帝在利佩茨克（Lipetsk）视察铸铁厂时制作的。

罩在彼得木屋外面的建筑

    1712年，为了守住波罗的海这个通向西方世界的出海口，也为了能够更便利地向西方学习，彼得大帝决定把首都从莫斯科迁往圣彼得堡，为的是"离欧洲更近"。那时，彼得大帝治下的俄罗斯正急需向西欧学习先进的文化与科学技术，以至彼得大帝不惜亲自率团前往西欧游学，并访学了德国、英国、荷兰、奥地利等国家。不过，这次访学彼得大帝用的是化名，他假扮成一名下士参加了这次游学活动（只能说得助于那个年代信息的不畅通，否则一个身高2米多的国家领导人想假扮其他身份绝非易事）。

    1721年，彼得大帝正式将"沙皇俄国"更名为**"俄罗斯帝国"**，改"沙皇俄国沙皇"为**"俄罗斯帝国皇帝"**，其为首任皇帝。

回来接着说彼得大帝厅。

彼得大帝厅是冬宫博内唯一不允许停留的展厅，观众只能按顺序人挨人地依次向前边走边看，人们就像是行进中的多米诺骨牌。大厅的中央挂有彼得大帝与胜利女神并肩而立的巨幅油画，寓意了彼得大帝与胜利同在，俄罗斯与胜利同在。

《彼得大帝与胜利女神》画框上端的镀金俄罗斯双头鹰国徽，象征着彼得大帝的至尊皇权。至于俄罗斯的国徽为什么是双头鹰，双头鹰又为什么一个向左看、一个向右看，我们将在后面的《冬宫大教堂》一文中揭开它的谜底。

安娜·伊凡诺夫娜（Anna Ioannovan）女皇宝座，是彼得大帝厅十分珍贵的一件历史遗物。还记得那位与彼得大帝名义上共治朝政的体弱多病的沙皇伊凡五世么？安娜女皇就是伊凡五世的小女儿，这件宝座就是安娜在位时（1730—1740年）所坐的象征皇权的"御座龙椅"。该御座为木制，镀金雕花装饰，椅背上以银线绣着俄罗斯帝国国徽的图案，1731年由伦敦著名工艺大师克拉乌泽设计完成。

《彼得大帝与胜利女神》油画

彼得大帝时期的俄罗斯国徽

安娜·伊凡诺夫娜女皇宝座

这件浮雕告诉你,西方人为什么不喜欢龙

圣乔治大厅

圣乔治大厅（St George Hall），以罗曼诺夫王朝守护神之名命名的大厅，又称"大金銮殿"。在大厅"主席台"中央的位置，摆放着女沙皇安娜·伊凡诺夫娜的宝座，由于这里是整座皇宫的核心所在，因此圣乔治大厅又被誉为"冬宫的心脏"。

圣乔治大厅建于1787—1795年间，建造时间持续了8年之久。彼时正是叶卡捷琳娜女皇时代，由于女皇认为跃动华丽的巴洛克风格已不符合当时的时代精神，因此，圣乔治大厅便完全按照严格的古典主义风格进行建造，由有俄罗斯古典主义之父美誉的贾科莫·夸伦吉（Giacomo Quarenghi）为该厅做设计。整座大厅给人以庄严隆重、肃穆典雅的崇高感和仪式感。之后，自叶卡捷琳娜时代起，罗曼诺夫王朝所有的**正式庆典仪式都是在此大厅举行**。

最初的圣乔治大厅毁于1837年的冬宫大火。其上、下两层巨型大窗的建筑设计在当时曾引起巨大轰动，被视为建筑史上的杰作*。现在的圣乔治大厅，是大火后根据尼

安娜女皇宝座

圣乔治大厅双层大窗

---

*双层大窗建筑在当时是罕见的建筑奇观，而如今的玻璃幕墙建筑早已多到数不胜数、见怪不怪。200年风舒云卷，建筑一直在为人类美的梦想筑就斑斓。

古拉一世的旨令，于1842年进行修复的。它全部采用白色大理石进行建造，其独具特色的内部装饰艺术堪称冬宫装饰之经典，是冬宫内部装修工程中耗时最长的一座大厅。前文说到的天花板图案与拼花地板图案相对应的"天地对应"装饰设计，就展现在这间大厅中；其镀金吊灯的装饰设计更是绝美无比；整座大厅宽敞明亮、高贵庄严、富丽堂皇的格调给参观者留下深刻印象。

安娜女皇宝座为专门从英国定制的镀金雕花座椅，其椅背上有用金丝银线绣成的俄罗斯帝国双头鹰国徽，而椅背的后面则是用无数颗宝石镶嵌而成的当时的世界地图（女皇心想征服全世界）。

在宝座的正上方，是"圣乔治屠龙"白色大理石浮雕，其中的圣乔治正手执长矛奋力刺杀恶龙。

"圣乔治屠龙" 的英雄形象是西方文学、绘画与雕塑常见的题材，在欧洲很多博物馆以及公共雕塑中经常能够看到它的身影。圣乔治被看作正义与勇敢的化身。而俄罗斯人对他更是崇敬有加，视他为国家与军队的保护神。

安娜女皇宝座

"圣乔治屠龙"浮雕

❀ 欧洲传奇故事：圣乔治屠龙

传说，利比亚某地有一条恶龙，它常年在水泉边筑巢，霸占着这个全城唯一的水源。人们为了取水，每天都要向恶龙献祭两只绵羊。后来绵羊献光了，恶龙就要求人们用少女代替绵羊充当祭品。于是，人们不得不每天通过抽签的方式来决定哪位少女被献祭。这天，国王的女儿被抽中。当公主走向泉边时，正好圣乔治途经此地，他手执长矛杀死了恶龙，为民除了害。

圣乔治屠龙的故事是西方经典故事之一，里面的恶龙形象妇孺皆知。因此，在西方人心中龙是邪恶的代表，与我们中华民族对龙的图腾崇拜正好相反。记得某一年国际电影节上，中国某影星走红毯时穿了一件带有中国元素的"龙纹"礼服，立刻引来一些西方媒体的热议。文化的差异，导致中西方对龙的感情截然不同。

最后，特别提醒各位小伙伴，参观圣乔治大厅不要忘了上看天顶、下看地板、左右看大窗！

圣乔治大厅镀金吊灯　　　　　　　　　　　　　　圣乔治大厅拼花地板

这间金碧辉煌的展厅,在一战时曾是住满了伤员的病房

徽章大厅

徽章大厅（Armorial Hall），建于1838—1839年，由俄国建筑大师瓦西里·斯塔索夫（Vasily Stasov）设计。这间大厅正门的两侧伫立有两组俄罗斯士兵的雕像。原本这些士兵手执的长矛上挂有俄帝国时代各省的省徽（如图红圈所示），展示了当时俄罗斯的国家政治体制。如今，这些省徽被以镀金盾牌的形式装饰于悬挂在天花板上的精美吊灯上。

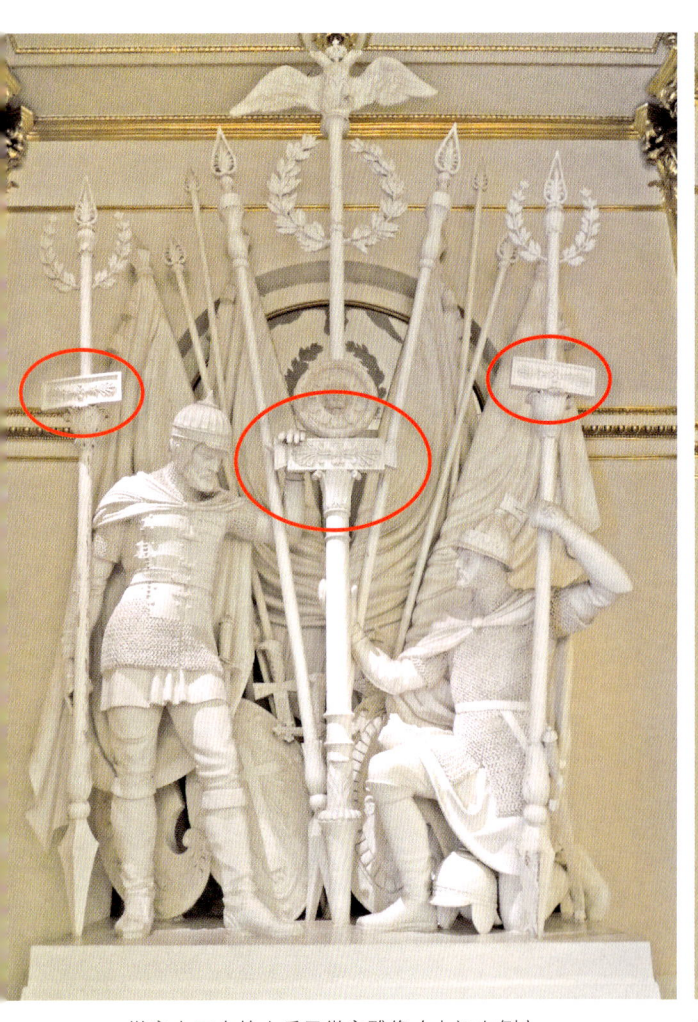

徽章大厅内的士兵及徽章雕像（大门左侧）

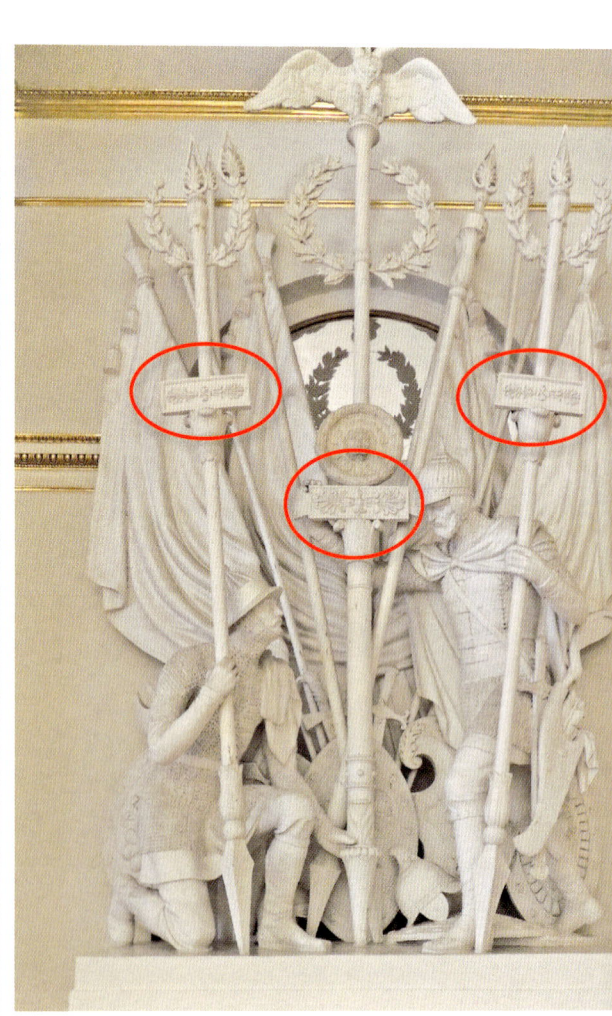

徽章大厅内的士兵及徽章雕像（大门右侧）

带有徽章的铜吊灯

铜吊灯周圈竖立着各省的镀金盾形徽章（红圈示）。

徽章大厅

徽章大厅的两侧是高大的拱形窗，四周由科林斯式镀金双圆柱环绕，整座大厅给人以富丽堂皇、光芒耀眼的金质感。

令人难以想象的是，这间金碧辉煌的大厅在第一次世界大战期间，曾被用作俄罗斯最大的军事医院的病房，里面住满了伤病员。而冬宫作为战时最好的军事医院，一直被使用到1917年十月革命为止。

现在，徽章大厅作为冬宫博的重要历史题材展厅之一，为观众展现了俄帝国时代各省的省徽纹章及其背后的俄罗斯政治体制。

徽章大厅中的科林斯式双圆柱

柴可夫斯基、普希金纷纷为这座长廊作曲作诗，长廊中有什么？

> 冬宫博作为皇宫博物馆，与世界上其他皇宫（改建）博物馆一样，走入其中就如同穿行在一个由金银玉翠组成的万花筒中，满眼奢华绚烂，令人目不暇接。然而，冬宫博却又有着与其他皇宫博物馆不一样的地方，它有一个非常特殊的展厅。
>
> 本章我们就将走进这间对于俄罗斯历史、战争史来说都具有重大、深远意义的特别展厅——"1812军事长廊"（The War Gallery of 1812）。

1812 军事长廊

❀ 1812 军事长廊

　　1812年，俄罗斯与法国之间爆发俄法战争。战争由法国（拿破仑）发动，并入侵俄罗斯领土。这场战争，俄罗斯称之"1812卫国战争"。

　　为纪念1812卫国战争中为祖国而战的将领们，冬宫博特意开辟出一座长廊用以悬挂部分将帅的肖像画。1826年12月25日，1812军事长廊举行了隆重的开幕仪式，人们在此看到长廊两侧挂满了参战将领们的肖像画。

1812卫国战争参战将领肖像画

❀ 1812年俄法战争

  19世纪初的拿破仑，正是志得意满、意气风发之时。彼时，他在欧洲大陆取得了空前的军事胜利，先后在对奥地利、普鲁士等战争中击败对手，并因此野心勃勃地想要拿下欧洲大陆最大的一块版图——俄罗斯。

  1812年夏，拿破仑集结约60万大军进发俄罗斯，俄法战争爆发。原本拿破仑以为这次的俄法战争也会像之前的欧洲战事一样速战速决，因此选定了在盛夏的6月开战，其心中笃定战争将会在冬季到来之前结束。

1812年的俄罗斯，正是沙皇亚历山大一世统治时期（1801—1825年）。面对拿破仑大军的入侵，亚历山大先是选定了米哈伊尔·波格丹诺维奇·巴克莱·德·托利（Mikhail Bogdanovich Barclay de Tolly）元帅任战事指挥官。由于当时俄军全部人马加在一起只有20万左右，在兵力上明显不敌拿破仑的60万大军，因此巴克莱·德·托利采用了"节节败退"的策略，本意是想诱敌深入后在合适的地方把敌军扎口袋。但是，亚历山大对此败退状况不甚满意，故而临阵换将，起用了俄军中德高望重的老将米哈伊尔·伊拉里奥诺维奇·格列尼谢夫－库图佐夫（Mikhail Illarionovich Golenishchev-Kutuzov）元帅，替换下了巴克莱·德·托利。

由于之前巴克莱·德·托利的不断后撤政策，拿破仑大军在进入俄国后一路挺进俄腹地。9月初，拿破仑军队已经抵达了俄国的心脏莫斯科附近。此时，新统帅库图佐夫下令在莫斯科以西约125公里处的波罗金诺村建立起防御阵地。9月7日，两军在此发生激烈交战，战况之惨烈被认为是战争史上最为血腥的"一日战斗"。

面对敌众我寡、敌强我弱的情势，库图佐夫果断下令全员撤退、放弃莫斯科。不仅如此，库图佐夫还采取了"焦土方案"。他命令部队带走全部粮食和有用之物后，放火烧了整座莫斯科城（够狠）。这里要插一句，当时巴克莱·德·托利决定"节节败退"策略时，也是采用了"焦土方案"，即一边撤退一边沿途放火，把拿破仑大军所到之处烧了个一干二净，颗粒不留。拿破仑原本设想的是一路进军、一路利用抢夺沿途之物进行补给。没想到一路过来满目疮痍、遍野焦土，靠沿途补给的计划完全落空，而此时部队又亟待解决补给问题。因此，拿破仑寄希望于占领莫斯科后狠狠补给一下部队。没想到，库图佐夫竟把莫斯科给烧了！

保障补给历来是作战之要务，长距离作战更必须是"兵马未动，粮草先行"。长时间没有得到补给的拿破仑军队此时早已是疲饿交加，战斗力大大减弱。然而，更要命的是，俄罗斯寒冷的冬季已然来临。

随着西伯利亚过来的寒风越刮越猛，莫斯科的气温已经低至了冰箱冷冻的温度。不可一世的拿破仑这才意识到俄罗斯最冻人的季节正以不可阻挡之势覆盖俄罗斯全境，如果不及时撤退就如同钻进了一个大冰箱，后果不堪设想。于是，拿帝终于认怂下令撤军了。

问题是，俄罗斯人烧毁家园的目的不只是逼退敌军，还有更重要的目的：打击侵略者。于是，在敌军撤退的路上，库图佐夫早就为他们准备好了掘墓人——神出鬼没的哥萨克骑兵，年轻骁勇的哥萨克骑兵采用游击战术不断骚扰偷袭敌军，致使其伤亡惨重。12月25日，当拿破仑军队全线撤出俄境时，原来的60万大军只剩下了几万人。

俄法战争，最终以法军失败撤退、俄军胜利而宣告结束。

多年后，冬宫博特别选定了具有纪念意义的12月25日这一天，举行了1812军事长廊的隆重揭幕式，以纪念这次卫国战争的胜利和浴血奋战的将领们。

❈ 1812卫国战争参战将领肖像画

1818年秋，沙皇亚历山大一世在德国的阿西涅（城市名）结识了英国肖像画家乔治·达乌（George Dawe）。沙皇非常欣赏乔治·达乌的画作，特别邀请他为"1812为祖国而战的将军们"画像。

之后，乔治·达乌来到圣彼得堡为1812军事长廊进行绘画工作，这期间他在圣彼得堡从事艺术创作长达10年之久（1819—1829年）。除此之外，他也为圣彼得堡议会的会员画肖像画。

1837年冬宫重大火灾中，非常庆幸的是，1812军事长廊中的肖像画都被及时地抢救出来。并且在重建工作完成后，它们都被挂回了原处，也即我们现在所看到的陈列。

走进1812军事长廊，你会听到时而深沉、时而激昂的乐曲声，它是俄国著名作曲家柴可夫斯基最著名的管弦乐作品——《1812序曲》，是柴可夫斯基专门为俄法战争所作，其中最令人震撼的是乐曲中的炮声均来自真实的大炮。即便是现在，如果是露天演奏这首曲子，很多时候曲中的炮声依然是真实的炮声。

另外，俄国伟大的作家托尔斯泰也专门以1812卫国战争为核心内容，创作了小说《战争与和平》，现已是享誉世界的不朽名著。

除此之外，俄罗斯著名诗圣普希金在多次观看过1812军事长廊后，特别写下了歌颂英雄、颂扬祖国的名诗《统帅》献给这座长廊。现在这首诗被题刻在一块大理石匾额上并展示于1812军事长廊中，成为颂扬俄罗斯民族抗击侵略者的历史纪念碑。

如今，1812军事长廊已成为俄罗斯重要的爱国主义教育基地，是人们缅怀先烈、致敬英雄、增强民族自信心和凝聚力的最重要的场所之一。

在长廊肖像画中，有一些镶着金边的绿色画框格外引人注目。相框中并没有将军的画像，而只是在底边处有一行用俄文书写的将军之名。这些将军没有留下任何影像，人们只能以象征生命的绿色来代替他们的音容笑貌，并以此深深地缅怀他们！

年轻的卫国将军肖像画其一

年轻的卫国将军肖像画其二

无画像的卫国将军

165

在1812军事长廊众多的将军肖像画的中间，是几幅巨大的元帅画像，他们是以库图佐夫元帅、巴克莱·德·托利元帅为代表的俄罗斯著名军事将领。

库图佐夫，俄罗斯著名军事家、元帅。1812年俄法战争中，由于库图佐夫的出色军事指挥才能，原本处于劣势的俄军转败为胜，并取得了战争的最终胜利。

由于战争中，库图佐夫元帅不幸失去了右眼，右腿也残疾了，为了让将军看上去威风凛凛、英姿勃勃，画家特意以左侧为主视角，用大衣将右腿遮盖住，转向右侧的脸恰好回避了右眼，将军身上佩戴的多枚勋章显示了他的赫赫战功。

1812军事长廊的尽头是沙皇亚历山大一世的巨幅画像。画面中，只见沙皇目光炯炯、雄姿英发地骑在一匹马蹄高昂的骏马上。其深邃远眺的目光和强劲高昂的马蹄，昭显了一代沙皇想要踏平欧洲、征服世界的勃勃雄心。

巴克莱·德·托利元帅巨幅画像

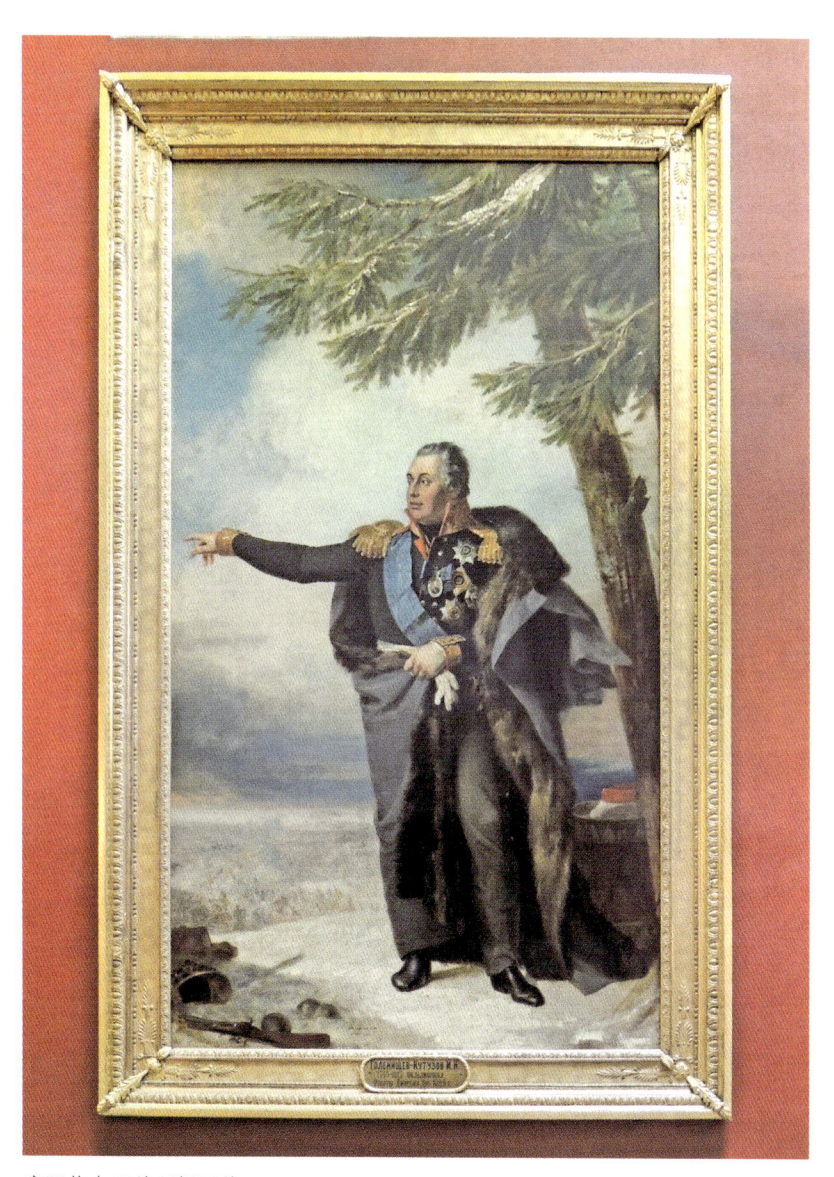

库图佐夫元帅巨幅画像

沙皇亚历山大一世的巨幅画像

冬宫中预留了八位元帅挂画像的位置，至今仅六人符合条件

陆军元帅大厅

　　陆军元帅大厅（The Great Field Marshal's Hall，下称"元帅大厅"），是冬宫博著名大厅之一，其因大厅中挂有俄罗斯帝国陆军元帅的画像而得名。虽然这座大厅与艺术收藏的关系不是很大，但它却是皇宫中最重要、最具影响力的大厅之一。

元帅大厅，1833年由沙皇尼古拉一世下令建造。其四面由白色大理石双圆柱以及巨大拱形落地窗环绕，大厅的中央挂有3盏金碧辉煌、华丽无比的青铜镀金大吊灯，地板则全部采用多种天然色调的良木铺设，整座大厅尽显高贵富丽之气。俄帝国沙皇们曾多次在此大厅举行隆重的授勋与任命仪式。

元帅大厅原本是皇宫禁卫军的换岗之地。现在，大厅墙壁上挂有俄罗斯6位陆军大元帅的巨幅画像：伊万·费奥多罗维奇·帕斯克维奇-埃里万斯基（Ivan Fyodorovich Paskevich-Erivansky）、彼得·维特根斯坦（Peter Vittgenstein）、亚历山大·瓦西里耶维奇·苏沃洛夫-雷姆尼克斯基（Alexander Vasilyevich Suvorov-Rymniksky）、彼得·亚历山德罗维奇·鲁米扬采夫-扎杜奈斯基（Pyotr Alexandrovich Rumyantsev-Zadunaysky）、格里高利·亚历山德罗维奇·波将金（Grigory Alexandrovich Potemkin）、米哈伊尔·伊拉里奥诺维奇·格列尼谢夫-库图佐夫。

伊万·费奥多罗维奇·帕斯克维奇-埃里万斯基画像
布面油画

彼得·维特根斯坦画像
布面油画

亚历山大·瓦西里耶维奇·苏沃洛夫 – 雷姆尼克斯基画像

布面油画

格里高利·亚历山德罗维奇·波将金画像

布面油画

彼得·亚历山德罗维奇·鲁米扬采夫 – 扎杜奈斯基画像

布面油画

米哈伊尔·伊拉里奥诺维奇·格列尼谢夫 – 库图佐夫画像

布面油画

实地参观大厅你会发现，该大厅原本的设计方案为悬挂8位大元帅的画像（有8处画像位置），但一直以来都只挂有6位大元帅的画像，另外两处画像的位置始终空缺（现以两幅描绘战争场景的巨幅油画填补空位）。实际上，沙皇的设计思路是留出这两个位置给后继的元帅们：只有那些在战场上浴血奋战、屡建功勋的将帅才有资格把自己的形象展示在这个位置上，才能让自己的英名永垂青史。沙皇以此激励元帅们为国而战，为沙皇而战。

让元帅大厅载入史册的原因，除了上述大元帅们在保家卫国的战争中屡建功勋、名留青史，1837年12月17日突发的冬宫大火，也是使它成为必须载入史册的"历史大事件之厅"的重要原因。因为这场大火最初的着火点就是从元帅大厅开始的^{*}。

那一天，12月17日，正值俄罗斯最寒冷的冬季。深夜，负责看管壁炉的仆人照例把炉火烧得通红，壁炉中噼啪作响的烈火将整座大厅烘得温暖又舒适，使人丝毫感觉不到室外已是冰天雪地的季节。然而，入夜时分，看管壁炉的仆人一个不留神，致使壁炉中的火焰从排烟道直蹿到了房顶，一场猝不及防的大火就这样从元帅大厅蔓延到了整座宫殿，一直烧了三天三夜才最终被扑灭。所幸的是，在这场大火中，冬宫的一些重量级藏品被及时抢救了出来，算是不幸中的万幸。

从1812厅和元帅大厅可以看出，冬宫博无论是作为曾经的皇家博物馆，还是现在俄罗斯最重量级、最著名的博物馆，都用了相当大的展示空间来颂扬为国而战的英雄先烈们，表达了俄罗斯人对战斗英雄的无比热爱与崇敬，这种敬仰之情融进一代又一代人的血脉中，使他们成为不惧战事的"战斗民族"。

*关于冬宫大火的着火点，也说是从彼得大帝厅始燃。两种说法都正确，因为最初的着火点是在彼得大帝厅与元帅大厅相邻的墙壁壁炉内。

俄罗斯历史上最伟大的民族英雄，其银棺差点被熔化换钱

在冬宫博的各展厅中，一个偌大的展厅只摆放1件重要陈列品的情况非常少见，但银棺厅是个例外。这间展厅中只摆放了亚历山大银棺纪念碑这一件重要历史遗物，足见这件遗物的历史地位和重要性。展厅之名也因此而得。

亚历山大是谁？为什么他的银棺纪念碑这么重要？
让我们先来了解一下亚历山大的生平事迹。

亚历山大银棺纪念碑

❀ 亚历山大·涅夫斯基

各位还记得留里克吗？就是当初被斯拉夫人从北欧请来管治斯拉夫地盘的那位罗斯大哥，他来到斯拉夫地盘后的第一立脚点就是**诺夫哥罗德**（前文述：留里克的时代被称为"留里克王朝"，国家名为"罗斯"，定都诺夫哥罗德）。

诺夫哥罗德是俄罗斯历史上的重要名城之一。它的地理位置非常独特，坐落在北欧至东欧平原贸易商队的必经之路上，它因此而得到发展并逐渐壮大起来。留里克正是看中了这一点才决定在此建都。

之后，13世纪，诺夫哥罗德公国有一任名为亚历山大·雅罗斯拉维奇的大公（1220—1263，留里克第7代孙）。这位亚历山大大公就是本展厅中银棺的主人公。

亚历山大任职期间，瑞典人闯入涅瓦河口（前述彼得木屋就建在涅瓦河口的一座小岛上，因此也称"彼得要塞"），亚历山大率领诺夫哥罗德民众奋起反击，打退了瑞典人的进犯，并因此获得了"涅夫斯基"的赞誉（涅夫斯基，意为"涅瓦河王""涅瓦河英雄"）。从此，亚历山大的名字就变成了"亚历山大·涅夫斯基"（Alexander Nevsky，下称"涅夫斯基"），后世史书都沿用了此称谓。

后来，涅夫斯基又率领民众打败了条顿骑士团（利沃尼亚支系）等入侵者，在民众中获得了极高声望。

然而，这样一个反侵略的英雄，在面对蒙古征服者时却没有了反抗精神。他不仅没有反抗，还利用大公的权势协助蒙古人做了诸多不利于俄罗斯人之事，迫使俄罗斯人接受蒙古人的压迫。按理说，这样的一个人不太可能会受到历史的赞誉，但恰恰相反，俄罗斯后世的史书都把涅夫斯基视为保全俄罗斯民族的伟大的民族英雄。他们认为，涅夫斯基正是意识到了当时的罗斯国与蒙古征服者之间在实力上的巨大差距，才审时度势地采取了妥协归顺政策，保全了俄罗斯民族，同时也保全了俄罗斯民族所信仰的东正教。

正因如此，俄罗斯东正教会在1547年追封了涅夫斯基为东正教圣人。斯大林时代，1942年，德军入侵苏联后，在德军即将深入至苏联腹地之时，斯大林宣布涅夫斯基为"民族英雄"，并设立了"亚历山大·涅夫斯基勋章"，以此鼓舞部队士气（因为当年涅夫斯基曾打败条顿骑士团的入侵）。

❈ 亚历山大·涅夫斯基银棺

为纪念涅夫斯基对国家的贡献，伊丽莎白女皇时代（1746年），女皇下令制作了涅夫斯基银棺。银棺以阿尔泰矿区优质的白银打造，共计用去白银约1.5吨，相当于阿尔泰矿区1年白银的总产量。

银棺由两部分组成：白银灵柩与白银纪念碑（现展厅中仅见纪念碑）。白银灵柩的正面装饰有3组精美的银雕图案，描绘了涅夫斯基所参与的重大战役之场景。白银纪念碑（也称"纪念塔"）分为5层，全部以精美的银雕装饰：

第1层装饰有花朵和枝叶；第2层的中央是涅夫斯基、旗帜、其妻、十字架等图案，它的上方是一个插着羽毛的头盔；第3层的两侧雕刻有两个手执银牌的小天使，银牌上镌刻着俄罗斯著名诗人米哈伊尔·瓦西里耶维奇·罗蒙诺索夫（Mikhail Vasilievich Lomonosov）撰写的颂词，赞扬了伊丽莎白女皇和涅夫斯基的功绩；第4层是涅夫斯基头戴皇冠的半身像；第5层为中央写有涅夫斯基名字的光环。

最后，我们用一段往事来进一步说明涅夫斯基及其银棺对于俄罗斯人（民族）的重要意义及珍贵性。1930年，苏联政府为解决财政窘况，曾想要将银棺熔化。最终，以冬宫博忍痛放弃一部分重要的钱币收藏作为熔化的替代品，才使这件珍贵历史遗物得以留存至今。

据说，2008年俄罗斯国家电视台曾举办了一次"最伟大的俄罗斯人"的评选活动，结果是，涅夫斯基位居第一，获得了"最伟大的俄罗斯人"的称号。

涅夫斯基银质纪念碑上的执题刻小天使浮雕（三层）

涅夫斯基银质纪念碑上的涅夫斯基、旗帜、其妻、十字架等浮雕（二层）

涅夫斯基银质纪念碑上的涅夫斯基半身像浮雕（四层）

涅夫斯基银质纪念碑二层上的头盔浮雕

涅夫斯基银质纪念碑上的花朵与枝叶浮雕（一层）

冬宫大教堂，俄罗斯皇宫中最富丽堂皇的殿堂

"

冬宫中最富丽堂皇的地方非冬宫大教堂莫属。

冬宫大教堂是一座东正教教堂，因设立在皇宫之内，故也称"皇宫大教堂"。罗曼诺夫王朝时代，大教堂内除了进行宗教活动，盛大的皇家婚礼也在此举行。1807年，该教堂获得了"大教堂"的尊号。

据公开资料显示，截至2023年1月，俄罗斯拥有1.46亿人口；194个民族，其中俄罗斯族占77.7%；**主要宗教信仰为东正教。**

俄罗斯人为什么信仰东正教？
俄罗斯的国徽与东正教有什么渊源？

走进冬宫大教堂，咱们边看边说。

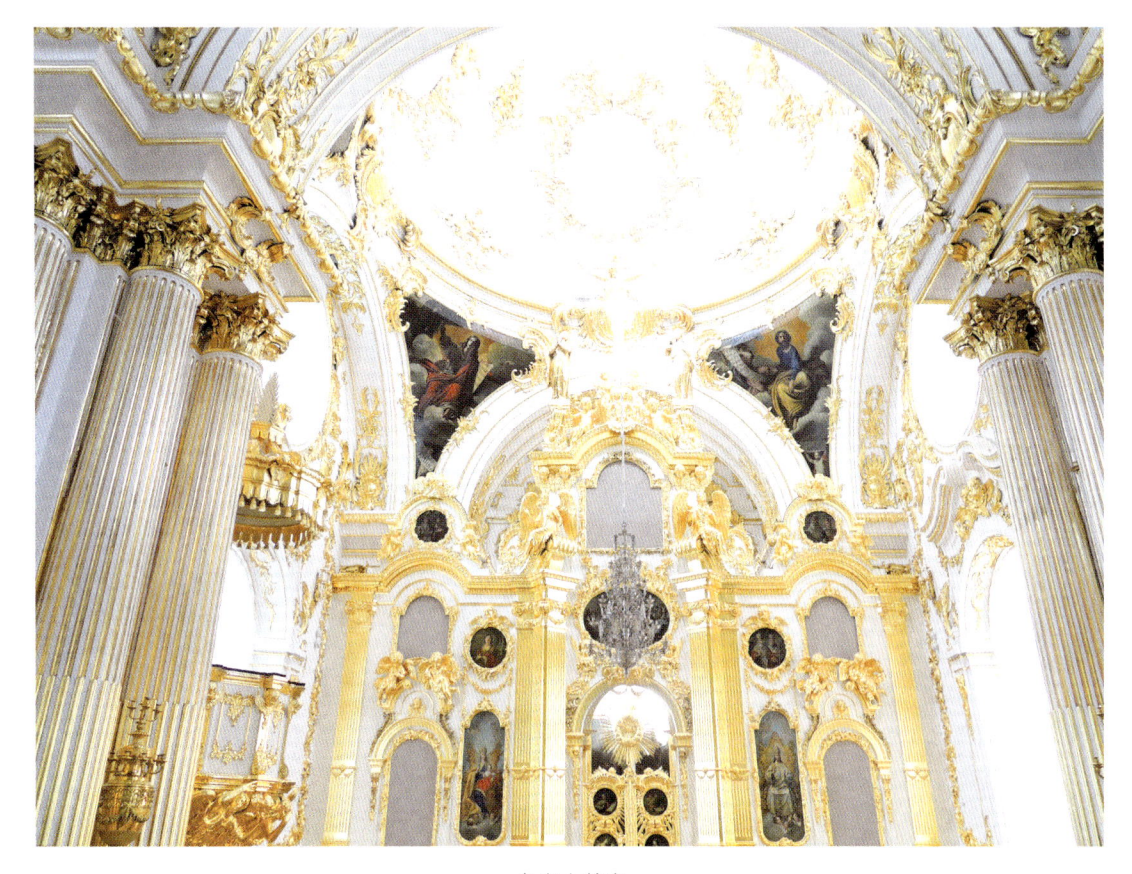

冬宫大教堂

❈ 东正教的由来

公元1世纪，罗马帝国统治下的巴勒斯坦的犹太人创立了基督教。在当时基督教是非法的，因而受到当局的迫害。之后，由于罗马帝国后期各种阶级矛盾、民族矛盾日益突出，罗马皇帝君士坦丁一世（即君士坦丁大帝）便试图以宗教来缓解各种矛盾。公元313年，君士坦丁大帝颁令承认基督教的合法性。之后，基督教得以发展并成为罗马帝国的国教。

公元330年，君士坦丁大帝在罗马帝

国东部希腊语区的拜占庭（Byzantium，城市名）建立新都，并将其更名为"君士坦丁堡"（Constantinople），也即现在土耳其境内的"伊斯坦布尔"。（君士坦丁堡与拜占庭，后世一直并用。）

公元395年，罗马帝国分裂为东、西两个罗马帝国：**东罗马帝国**与西罗马帝国。东罗马帝国以君士坦丁堡为都，西罗马帝国则以罗马为都。

罗马帝国分裂后，由于东、西地缘格局的不同，两地教会对信仰的理解表现出越来越大的分歧。1054年，双方矛盾终于大爆发——教会分裂为东、西两大派。

教会分裂后，以君士坦丁堡为中心的东派教会自认为是"正教"，即"维护正统教义"的正教派，因此称为**"东正教"**。又因在宗教仪式中使用希腊语，故也称"希腊正教"。

东罗马帝国（后称拜占庭帝国）时期，以东正教为国教。

《基辅公民洗礼》高浮雕 *
年代：19世纪中叶
材质：石膏
现藏俄罗斯国家历史博物馆

* 原为俄罗斯国家宗教历史博物馆的内门浮雕之一。

❈ 东正教与俄罗斯

俄罗斯人最早信奉的是多神教,一切自然现象在古罗斯人眼里都是神的作用,他们供奉太阳神、风神等诸神。

公元10世纪,弗拉基米尔统治下的基辅罗斯大公国是诸罗斯小公国中最强盛的一个。弗拉基米尔有意将这些小诸侯国统一成一个强大的国家。他首先意识到宗教的力量,并因此试图统合诸国所信仰的多神教,但没有成功。进而他想到引进一个完善的外来宗教。于是,弗拉基米尔派使臣前往一些国家考察各种宗教,以便最终为罗斯国选定一个最适合的宗教信仰。

根据使臣们考察的结果,**弗拉基米尔选定了拜占庭的东正教作为国教**。

弗拉基米尔选择东正教的原因之一是想结盟拜占庭帝国,一方面它可以发展与拜占庭的贸易,二来可以从拜占庭吸收先进的文化,从而巩固自己在罗斯诸侯国中的强势地位。而拜占庭也愿意利用基辅罗斯的军事能力来帮助其镇压帝国小亚细亚部分的叛乱,两者为此一拍即合。

为巩固这一联盟,弗拉基米尔娶了拜占庭帝国皇帝的妹妹安娜公主为妻,并按照对方所提出的条件成为一名东正教徒,并接受了洗礼。公元988年,弗拉基米尔宣布东正教为国教,并传令所有公民都必须接受洗礼,强制全民信仰东正教。东正教自此在罗斯国开枝散叶。

弗拉基米尔将东正教定为国教,这一决定对后世俄罗斯宗教信仰的走向产生了深远影响。

冬宫大教堂（局部）

1453年，延续近千年的拜占庭帝国被奥斯曼土耳其所灭，东正教的命运变得风雨飘摇。当时的莫斯科大公**伊凡三世**敏锐地嗅到了其中的机会——第一罗马帝国（原罗马帝国）分崩离析了，第二罗马帝国（东罗马帝国，也即拜占庭帝国）如今也玩完了，难不成这是天意，要成全俄罗斯做第三罗马帝国吗？哈！哈！哈！

要想成为罗马帝国的继承人，首先要把身份"扶正"。于是，1472年，伊凡三世娶了拜占庭帝国君士坦丁十一世的侄女索菲亚为妻。

不得不说伊凡三世的眼光非常毒辣，他所娶的这位索菲亚的身份极为特殊（珍贵)——拜占庭帝国的末代公主。事情是这样的:1453年,奥斯曼土耳其大战拜占庭帝国,国君君士坦丁十一世战死疆场,拜占庭帝国灭亡。之后,国君的弟弟带着自己的两个儿子和一个女儿(索菲亚)流亡到了罗马;皇弟死后,他的两儿一女在罗马教皇的庇护下长大。1472年,拜占庭帝国末代公主索菲亚到了该嫁人的年龄,这令所有想继承罗马帝国衣钵的"伊凡三世"们垂涎三尺、蠢蠢欲动。当然,最终的结果是伊凡三世顺利抱得美人归,而公主带来的陪嫁物可谓是价值连城、万金难买——拜占庭帝国的国徽:双头鹰徽标。这让伊凡三世和他的国名正言顺地成为拜占庭帝国的继承人——"第三罗马帝国"由此诞生。当然,这个称谓是罗斯人自己发的"广宣"。

既然是罗马帝国的继承人,那么君王的称谓也必须与之配套,原来的"大公"称号显得格局太小了。于是,1547年,伊凡四世改"大公"称号为"沙皇"。

沙皇一词源于拉丁语"Caesar(恺撒)"。恺撒,是罗马帝国皇帝的名号,它在转换成希腊语又转写成俄语时变成了"царь",按音译为"沙皇"。嗯,看上去确实比"大公"要气派多了。

俄罗斯双头鹰国徽

俄罗斯国徽图案"双头鹰"

俄罗斯国徽的图案源自拜占庭帝国的徽标。当时拜占庭帝国的势力横跨亚欧两大洲,为了彰显其东、西两个方向王者的地位,故而设计了双头鹰的徽标图案——一个鹰头看向了左边(东边、亚洲)、一个鹰头看向了右边(西方、欧洲)。

拜占庭帝国灭亡后,1472年,末代公主索菲亚将拜占庭帝国的遗物双头鹰徽标作为陪嫁带到了莫斯科。自此,罗斯人便认定自己就是拜占庭帝国的正宗继承人了,遂将拜占庭帝国的双头鹰徽标设计到了国徽中,除了借喻表明俄罗斯是一个横跨亚欧两大洲的国家,也意喻自己能像拜占庭帝国那样称雄亚欧。

1882年，沙皇亚历山大二世将双头鹰国徽的形式固定了下来。1917年，十月革命爆发，双头鹰国徽被废除，采用了苏联时期象征工农联盟、人民团结等寓意的新国徽。苏联解体后，1993年，俄罗斯联邦再次将双头鹰图案应用于国徽中。但由于各种原因，这一国徽在很长一段时间内并没有以法律的形式被确定。

2000年，普京总统签署了《俄罗斯联邦国徽令》，红底双头鹰徽被正式定为合法国徽，并一直沿用至今。

俄罗斯的国徽是一枚盾徽。其整体类似于一个五边形，下面的两个角较圆，最下端是一个突出的尖角。整个国徽以红色为底色，红底色上是一只戴有3顶皇冠的金色双头鹰，其中双头鹰的两个头各戴一顶皇冠，在两顶皇冠中间偏上位置是一顶大皇冠，象征着国家是统一的俄罗斯联邦；双头鹰的左爪抓着一个金球，右爪握着象征王权的权杖，意喻国家的统一是神圣不可侵犯的。鹰的胸前是一个缩小的红色盾牌，里面是勇士圣乔治骑着白马、身披蓝色战袍、正在用长矛刺杀恶龙的画面，表示俄罗斯民族不忘历史，勇于同一切困难和敌人做斗争的大无畏精神。

❀ 东正教教堂建筑特色

最后，我们把目光收回到冬宫大教堂。

冬宫大教堂是一座典型的东正教教堂。而典型的东正教教堂最突出的特点，就是建筑的顶部为外观独特的洋葱头造型。相信大家或亲眼见过，或在各种媒介上看到过顶部是洋葱头造型的建筑，这种式样的建筑就是典型的东正教建筑。因为冬宫大教堂设在皇宫内部，所以参观者在宫中参观时看不到它外面的样子，它的外部顶端就是一个像皇冠一样的洋葱头造型，这个金碧辉煌的"洋葱头"在阳光的照耀下熠熠生辉，非常醒目。

东正教教堂"洋葱顶"

关于东正教建筑独特的洋葱头造型的由来、寓意等，各位往后翻至采风记中的《俄罗斯教堂建筑顶端的"洋葱头"有什么寓意？》，了解更多详细内容。

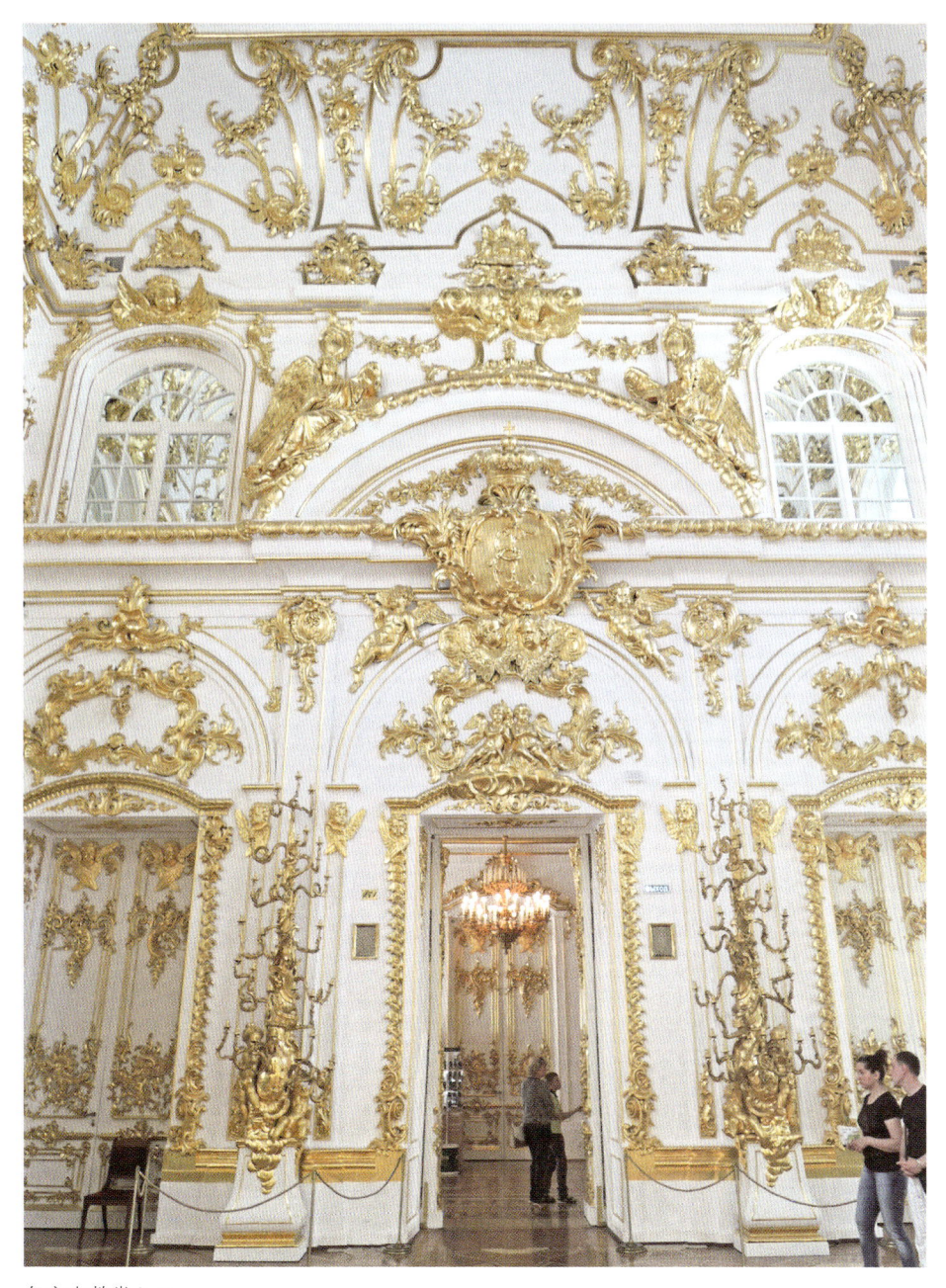

冬宫大教堂入口

艺术篇

YISHU PIAN

　　冬宫博中的历史遗珍数不胜数，文化瑰宝灿若星辰。但若要从中遴选出"杰中之杰、宝中之宝"来，则还要数艺术类藏品的占比更高一些，譬如镇馆之宝中的达·芬奇的《圣母与花》、拉斐尔的《圣母康斯达比列》、伦勃朗的《达娜厄》、乌东的《伏尔泰》以及詹姆斯·考克斯（James cox）的金孔雀钟等，都是艺术价值极高、享誉世界的文化瑰宝。艺术板块选取了其中一些最具代表性的作品与大家分享和赏析。

伦勃朗名画被泼硫酸，毁坏者却理直气壮：它"黄"不忍睹

艺术板块，我们以伦勃朗厅开篇。

选取伦勃朗厅作为开篇，原因有二：1.伦勃朗是辰馆最喜爱的画家；2.冬宫博中以艺术家之名命名的展厅较少，可见伦勃朗及其画作在冬宫博中的重要地位。

伦勃朗厅

❀ 伦勃朗其人

伦勃朗（1606—1669），全名为伦勃朗·哈尔曼松·凡·莱茵（Rembrandt Harmensz Van Rijn），1606年出生于荷兰莱顿（荷兰西部城市）的一个富裕的磨坊主家庭。父亲在他的名字中加上凡·莱茵，即是喻指莱茵河畔的磨坊。

伦勃朗的父母共育有9个孩子，伦勃朗排行第八。因为家境富裕，所以伦勃朗很小就能够去学校读书，并且14岁的时候他已经是一名注册大学生了。

如同那些非同寻常的人一样，伦勃朗从小就显露出与众不同之处——他从大学退了学，因为他想学画画。

退学后的伦勃朗先是在莱顿跟随一位画家学画；后来他又去了意大利、荷兰首都阿姆斯特丹等地学习绘画；之后，他回到莱顿开了一间绘画工作室（坊）。

想必能从大学里退学的人都一定是对自己有着十足的自信吧。伦勃朗的画作从一开始就非常受欢迎，这让他积累了一定的名气和经济实力。不久后，他搬到了阿姆斯特丹，专门给有钱人画肖像画。

在世界知名的大画家里，伦勃朗是高产量的作家之一。靠着给富贾贵胄、名流显要

眼部蒙上阴影的自画像
伦勃朗，板面油画，1634年
现藏纽约莱顿收藏馆

画肖像画，伦勃朗的腰包很快鼓了起来。如果一直这样画下去，伦勃朗肯定会成为一个很有钱又在当地很有名的大画家。

然而，一个更大的机遇悄然而至……

❀ 伦勃朗时代

16—17世纪的荷兰，正处于历史上最强盛的时期。在"谁控制了海洋，即控制了世界贸易；谁控制了世界贸易，即控制了世界财富，进而控制了整个世界"的年代，有着"海上马车夫"之称的荷兰，依托强大的海上贸易优势，确立了它的"世界中心"地位。彼时，荷兰经济繁荣、商业发达，并因此造就了一大批中小资产阶级。这些中小资产阶级在有了一定的经济实力后，便有了精神上、文化上的需求，他们也想有人为自己、家族或者团队作画。要知道，17世纪欧洲的主流艺术风格是巴洛克风格，而**巴洛克艺术是纯粹的贵族艺术**，只有宫廷、贵族才能消费得起、享乐得起，大众阶层甚至连看见它们的机会都没有。但是，这种状况首先在荷兰被破局。随着市民阶层（中小资产阶级）对艺术作品需求的不断增加，一些画家开始按照市场经济的规律进行绘画生产（有需求就有供给）。他们把自己的画拿到市场上去售卖。在这个过程中，画家们根据市场需求不断调整自己的绘画题材和作品风格，比如，买风景画的客户多，那么画家就多画一些风景画；买肖像画的人多，画家就多画一些肖像画……

久而久之，一个专为市民阶层绘画的画家队伍在荷兰诞生了，后人称之为**"荷兰画派"**。荷兰画派在艺术史上名气非常响亮，因为在它之前，画家主要是为宫廷贵族服务，接受贵族们的定制绘画。而荷兰画派是自销式的、市场经济式的艺术服务，画家们会根据市场的需求不断调整自己的作品，由此，形成了绘画的三大门类：肖像画、风景画、静物画，因为它们是市场上最畅销的三大类题材。

阿姆斯特丹禁卫军火绳枪协会集体肖像画

迪克·雅各布斯（Dirck Jacobsz），布面油画，1532年
现藏冬宫博

　　为行业协会、团体组织画集体肖像画，是当时非常流行的一种社会风气。各种协会、团体纷纷请求画家们为他们画集体合像，类似于我们现在的作协、音协等协会拍一张集体合影挂在办公场所的显著位置这样。因此，当时就有某医学协会找到了知名画家伦勃朗，请求他为他们画一张集体肖像画。《杜普医生的解剖课》由此诞生。它以杜普医生为主角，通过"上课"的形式把协会成员都设计在了画面中，其构图讲究，色彩和谐，画面生动，令买家十分满意。与其他集体肖像画显著不同的是，伦勃朗设计的《杜普医生的解剖课》是有叙事情节的，观众能够从中看到有故事内容的场景，而不是像《阿姆斯特丹禁卫军火绳枪协会集体肖像画》（下称《火协肖像画》）那样，弄一群"半身像"堆砌在画面上；另外，伦勃朗的构图生动自然，而不似其他一些画家那般传统呆板。显然，伦勃朗的集体肖像画画得高级多了。

　　凭借《杜普医生的解剖课》，伦勃朗名声大振，成为当时荷兰风头无两的大画家。

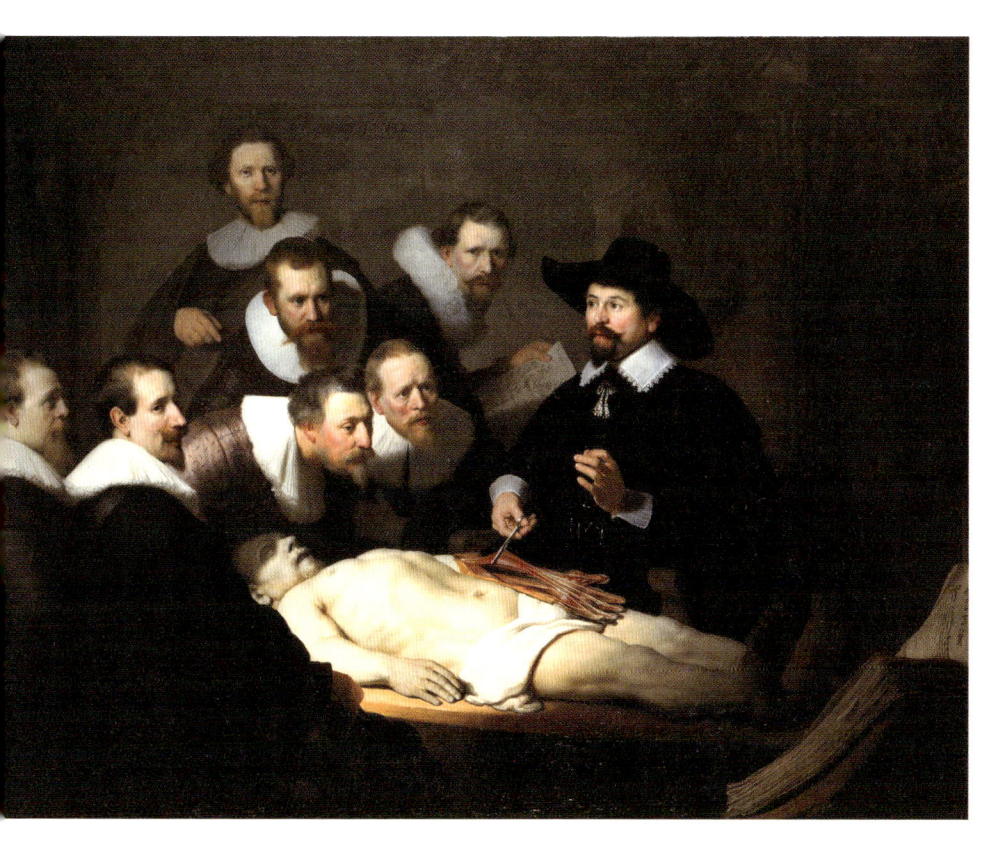

杜普医生的解剖课
伦勃朗，布面油画，
1632 年
现藏荷兰海牙毛里茨美术馆

随之而来的便是订单、画约、银票如雪片般飞来，此时伦勃朗的人生就像是"开挂"了一般。

在伦勃朗人生的最高光时期，他娶妻、生子、买豪宅、玩收藏，可谓志得意满，春风得意。

然而，成也萧何败也萧何。让伦勃朗从山巅一头栽进谷底的也正是集体肖像画——《夜巡》（Night Watch），世界公认的伦勃朗最伟大的作品，**荷兰国宝**，荷兰国家博物馆镇馆之宝。

事情是这样的：那一年，伦勃朗应邀为阿姆斯特丹城市民兵队（相当于武警总队，不是现在所说的民兵概念）画集体肖像画，民兵们为此每人支付了 100 盾 *，总计支付了 1600 盾的昂贵酬金（找其他画家几百盾就能成交），伦勃朗为此创作了巨幅画作《夜巡》。

*荷兰盾，当时荷兰的货币单位。

夜巡

伦勃朗，油画，359厘米×438厘米，1642年
现藏荷兰阿姆斯特丹国家博物馆

然而，到了一手交钱一手交货的时候，民兵们对眼前的成品画作大失所望。他们拒绝支付酬金、拒绝接收画像。原因是，我们每人付了同样的价钱就应该享有同等重要的位置，同等比例的亮相，同等露脸的机会，不能有主次之分！而现在的画面中，我们有的人身在黑暗处完全看不清模样，还有的人竟然只露了半张脸……他们要求伦勃朗重新画。而伦勃朗作为伟大的艺术家，是艺术的创作者，不是"人头"的码放机，他怎么可能为了金钱、世俗、小市民的趣味而放弃对艺术的追求与坚持呢！（没办法，老百姓心里想的是"生活"，而艺术家想的却是"高于生活"。于是，友谊的小船说翻就翻了。）

伦勃朗坚决不改！

此事闹得沸沸扬扬、满城风雨，最终官司打到了法院。之后，人们逐渐地不再找伦勃朗订画，他的收入骤减，生活也因此发生了重大转折。这期间，他的妻子、孩子不幸离世，豪宅、收藏等悉数卖出……最后这位荷兰历史上最伟大的画家、影响了世界绘画艺术的一代大师，竟一贫如洗、穷困潦倒，在贫病交加中离开了这个世界。

更令人唏嘘的是，伦勃朗死后，他的私人医生原本准备在他下葬之日去为他致悼词。没想到的是，伦勃朗遗体下葬后并没有什么追悼环节，而是被立刻填土埋葬。这位医生想请填土者暂停片刻，让自己对老朋友说几句话，可对方完全没有理睬他的请求。而后来当这位医生把这件事讲给一位朋友听时，朋友竟惊讶地问道："伦勃朗刚去世吗？我以为他早就去世了呢。"可见当时的人们对伦勃朗是多么不在意，这位17世纪欧洲最伟大的画家之一，竟然以这样的结局黯然落幕，实在令人唏嘘不已！

❀ 伦勃朗作品的艺术特色

经常有人问辰馆："小白"怎样才能看懂（欣赏）绘画艺术？对于普通观众来说，欣赏绘画艺术主要是从**构图**、**色彩**与**光线**这3个方面去看。结合伦勃朗的绘画作品，具体解析如下：

1. 构图。指的是画家把想要绘画的内容设计为一个视觉上协调的画面，即为构图。构图的视觉效果直接影响到作品的画面感。例如前述的集体肖像画例子，《火协肖像画》的构图就使人感到不舒服，画面太满，显得不协调并且比较呆板；而伦勃朗《杜普医生的解剖课》的构图就让人觉得非常协调并且生动；两件画作的构图水平高下立见。

伦勃朗的构图设计之所以让人觉得协调、舒适，是因为他采用了古典主义绘画最基本的构图方法：**三角形构图法**。三角形是自然界中最稳定的一种结构，因此，以稳重、严肃、理性著称的古典主义绘画风格，其构图的主要形式就是三角形（大家今后在看画展时可以多留意这一点），三角形给人以天然的稳重、和谐与均衡感。所以，《杜普医生的解剖课》让人一眼看过去就觉得非常舒适与和谐。展厅中的《耶稣被扶下十字架》《花神》等也都采用的是典型的三角形构图。

耶稣被扶下十字架

伦勃朗，布面油画，158 厘米 ×117 厘米，1634 年

现陈于冬宫博伦勃朗厅*

该画为1814年从巴黎附近
马尔迈松（Malmaison）的约瑟芬
皇后的藏品中获得。

当然，其他形式的构图方式也并非不可取，主要还是看题材以及画家所想要表达的情境与思想。

因此，看一幅画，视觉的第一反应就是它的构图。**构图合理、协调是一幅画"美""好看"的基本要素**。

2. 色彩。色彩是一幅画的灵魂，是作者对画作主题的一种情感或思想表达。一幅画无论构图多么完美，如果色彩不达意，它也不会是一幅上乘之作。试想，一幅画的色彩或暗淡无光、或明艳刺眼，都必然会给人的视觉带来不舒适感。但如果是像《花神》这般，色彩搭配协调、优雅、抒情、富有诗意，则会在构图完美的基础上为画作增色添彩、锦上添花。**因此，色彩的使用与搭配是一幅画"美""好看"的最重要因素**。

---

*画作出自同一展厅的，不复注地点。

花神

伦勃朗
布面油画
125厘米 ×101厘米
1634年

这幅画是伦勃朗以妻子萨斯基亚为模特创作的。和妻子萨斯基亚在一起的时光是伦勃朗一生中最闪光、最美好的时刻。画中他把妻子打扮得无比美丽,她的头上戴着明媚的鲜花,身上穿着华丽的衣裳,俨然就是一位端庄美丽的花园女神。走近《花神》细看,你会惊讶伦勃朗对于萨斯基亚的服装与饰品的描绘,简直精致、精美、精细到了令人叹为观止的境地。这其中除了画家自身非凡的绘画功力,也与其早年玩收藏时喜爱收集服饰类的物品有关。

伦勃朗作品中，较多地使用了以褐色等深色系作为背景（底）色、以亮色或深红色等色系作为前景色的色彩风格，从而达到通过明暗对比突出主题的一种气势和表现力，如《耶稣被扶下十字架》《哈曼感知命运》《圣家族》等都是此类风格的作品。

哈曼感知命运

伦勃朗
布面油画
127厘米×116厘米
1665年

哈曼（Haman），古代波斯国的一位宰相。他设计欲绞死犹太人，后阴谋败露，自己反被绞死。画面表现了哈曼阴谋失败后的样子。

圣家族

伦勃朗，布面油画，117厘米×91厘米，1645年

3. 光线。西方绘画非常讲究光线的运用，在西方画家的眼中，没有光效的画绝不能称为美的艺术。在一幅画中，光线对于美起到的是画龙点睛的作用，它就如同一个身材（构图）不错、衣着（色彩）得体的人，若是再搭配上一个精致的妆容、一枚别致的胸针、一条优雅的丝巾（领带）或者一款很有设计感的手包等，则立刻会让他（她）的形象提升到美的一个新段位，将平凡的形象瞬间点石成金。在这里，人的衣饰、佩饰就相当于绘画作品中的光效，它起到了点亮美、聚焦美的作用，从而使作品的美感更加丰富、更具有层次。

伦勃朗是世界上最擅长运用光线来表现绘画主题的知名大画家中的代表人物。

伦勃朗最具代表性的艺术特色就是作品中如舞台剧般的光线效果。

---

* 圣家族（Holy Family），基督教对耶稣基督、耶稣的生母圣母玛利亚以及养父约瑟的合称。

在《夜巡》《杜普医生的解剖课》《耶稣被扶下十字架》《达娜厄》等伦勃朗的代表作中，我们都看到了这种类似舞台剧中的追光效果。譬如《夜巡》中，民兵队长、副队长以高亮的形象呈现在画面正中，如同话剧舞台上的一束追光灯打在了这两位主角儿的身上，突出了他们在众人中的形象与地位。同样，《耶稣被扶下十字架》中的"追光"效果也非常明显。画家通过一束强光照亮了叙事的焦点，而在非重点区域则采用了暗色调的处理方式，以此在画面中形成了强烈的明暗对比，达到了突出主题的目的。同时，明暗的对比也隐喻了神的光芒照亮了黑暗中的迷途羔羊。

了解了绘画的三大要素，我们现在回到本小节的主题——伦勃朗绘画艺术的特点：

1. 在构图上，擅长以叙事性的内容进行构图设计。即，在伦勃朗的画作中，观众每每看到的都是一个有故事情节的画面。

2. 在色彩上，多以深色系为背景色，以红色、酱色、黄色等色系作为主题色，来表现其绘画主题的深刻内涵与意境。（伦勃朗的绘画题材偏于宗教题材和人物肖像画等，尤其比较喜欢画老人题材。）

3. 在光效上，特别强调光线的运用，强调光线的力量，强调通过强烈的明暗对比来体现作者所要表达的情感与思想。

绘画中的光效，是伦勃朗所追求的具有极强感染力和表现力的一种渲染主题的**新的表达方式**。伦勃朗成功了！他的作品给人以强烈的感染力和高境界的深邃感，他因此成为17世纪欧洲最伟大的画家之一，他的画作也成为传世的经典名作。

❀ 冬宫博中的伦勃朗画作

冬宫博藏有伦勃朗的画作约20幅，这在世界各地博物馆伦勃朗画作收藏中算得上是重量级藏地了。（财大气粗、有钱任性的罗曼诺夫王朝确实"豪横"。）本文选取了其中具有代表性的3幅画作进行重点介绍与导览：1. 展示在展厅首位的**《达娜厄》，冬宫博镇馆之宝之一**；2. 展示在展厅中部位置的《亚伯拉罕献祭》；3. 展示在展厅最后的巨幅画作《浪子回头》。

❋ 《达娜厄》

达娜厄（Danae），希腊神话中阿尔戈斯国的公主，她被她的国王父亲囚禁在一座铜塔中。《达娜厄》所展现的就是达娜厄被关在铜塔中的情景，画面中那个上身微探、斜卧在床的全裸女子就是达娜厄。

《达娜厄》背景故事：

达娜厄的父亲、阿尔戈斯国的国王得到一则神谕："达娜厄所生的孩子将来会杀死国王并取代王位。"因此，国王决定阻止女儿结婚生子。随后，他命人建造了一座铜塔，并把达娜厄关了进去，既不给食物也不供水，打算让她就此自我灭失。

一个芳华正艳、情窦初开的女子就这样被关进了与世隔绝的孤塔中，她的愤懑、孤独、忧郁可想而知。

铜塔里关了如此美貌的女子，这事儿怎么可能瞒得了希腊神话中的万神之王、老色鬼宙斯（Zeus）！他急火火地赶了过来。

宙斯围着铜塔转了一圈，竟没找到一个入口——这铜塔造得实在是太密闭了，除了塔顶有一个很细窄的窗户用于透光，其他部分都密不透风。宙斯透过窗户朝里一看：啧啧，好一个年轻丰腴的大美女啊……趴在塔顶上的宙斯一边咽着口水，一边急火燎心！终于，老流氓宙斯望着铜塔里的美女按捺不住欲火中烧，一阵"金雨"便从塔顶洒了下去。

达娜厄怀孕了。

《达娜厄》中所描绘的正是"金雨"下落时，达娜厄与女仆（帏帘后面）惊奇、惊愕与惊喜的画面。她们做梦也没想到这个无人问津的孤塔中竟会有"金雨"飘落！伦勃朗在构图中将达娜厄的身体以及女仆的脸设计为与周边环境形成强烈对比的亮色，喻意了希望就如同光明一样在照亮着她们，并且还在右上方设计了一个金色的丘比特，寓意了这个希望与爱有关。

达娜厄

伦勃朗，布面油画，185厘米×202.5厘米，
1636—1642年

国王原以为达娜厄必定会渴死、饿死在铜塔中，没想到铜塔中却传出了婴儿的啼哭声——达娜厄生了一个男孩儿，取名**珀耳修斯**（Perseus）。气急败坏的国王随即将他们母子锁进一个大铁箱并丢入大海中。后来，母子被救。再后来，珀耳修斯成为杀死凶恶女魔美杜莎的大英雄。（珀耳修斯杀死美杜莎的故事是希腊神话中的经典故事。）

这一年，珀耳修斯娶妻。在带着新娘返乡途中，他们途经彼拉斯齐国，碰巧该国正在开运动会。心情大好的珀耳修斯便停车歇马进去凑热闹玩耍。谁料想，珀耳修斯扔出的铁饼竟不偏不倚地正好砸中了看台上的一位老人。事后得知，这位被砸死的老人正是达娜厄的父亲、阿尔戈斯的国王——他因为害怕达娜厄所生的孩子将来会杀死自己，故而离乡背井、隐姓埋名来到了彼拉斯齐国，不承想神谕还是应验了。呃，是福不是祸，是祸躲不过。

伦勃朗以高超、娴熟的绘画技法赋予了《达娜厄》诗一般的意境和关于人性的深层次思考，使之成为一幅享誉世界的传世名画，并被财大气粗的罗曼诺夫王朝购为己有。之后，它被展示于冬宫博的伦勃朗展厅，为世界各地的参观者所观览与欣赏。

故事讲到这儿，似乎可以画上一个圆满的句号了。

然而，事非人愿，《达娜厄》出事儿了！

1985年6月15日，一个极端的"正经人"将硫酸泼向了《达娜厄》。他的理由是"扫黄"！因为他对于画面的"三俗"内容实在忍无可忍，太过气愤！之后，他似乎觉得还不解气，又朝着画布凶狠地砍了两刀……当修复专家赶到现场时，局部画面已被硫酸烧出了气泡状的棕褐色色块……修复《达娜厄》，专家组用了12年的时间。即便如此，你现在在达娜厄的小腿部位仍然可见灼烧的残迹。

如今，《达娜厄》被挂在了伦勃朗展厅首件展品的位置上，是冬宫博的镇馆之宝之一。

亚伯拉罕献祭
伦勃朗，布面油画，193厘米×132厘米，1635年

❖ 《亚伯拉罕献祭》

《亚伯拉罕献祭》是《圣经》里的一段故事，讲述了亚伯拉罕把自己的独生儿子以撒献祭给上帝但被上帝阻止，以羊代替以撒的故事。（世界各地博物馆中有很多关于这个题材的画作，也有的称之《以撒的牺牲》。）

《亚伯拉罕献祭》画作中，伦勃朗依然是运用了他最富特点的绘画技法：采用强烈的明暗对比，突出主题情节——以舞台追光灯般的光线效果"照射"在以撒的身体、亚伯拉罕拿刀的手以及天使制止亚伯拉罕的手上。这些地方是整幅画作中最明亮之处，也是画作背景故事中最富焦点之处。画家通过明暗对比，不仅使画面具有了强烈的戏剧性张力，同时也使画面展现出丰富的层次感。而画面强烈的戏剧性张力与丰富的层次感，正是伦勃朗作品卓越不凡、独具魅力之处。

❋ 《浪子回头》

伦勃朗喜欢绘画宗教题材,这幅《浪子回头》就取材于《圣经》,它讲述了一个浪子回家的故事。

《浪子回头》背景故事:

父亲有两个儿子。儿子们生活在父爱和殷实的家境中。

但是,小儿子却觉得受父亲管束不自由。这一天,小儿子对父亲说:"父亲,请你把我应得的那份产业分给我吧,我想一个人出去闯世界。"父亲就把产业分给他们。于是,小儿子便带着属于自己的资财远走高飞了。

小儿子终日沉醉于花花世界的享乐中。不久,他的钱财就花光了。无奈之下,他只能给人打工,生活得非常凄惨。

这种穷困潦倒的日子不知过了多久,终于有一天,他幡然醒悟:只有父亲的怀抱才是最温暖的地方,只有父亲的家才是天堂一样的地方。他决定回家。

快到家的时候,他远远地看见一个人正站在家门口向大路这边张望。突然,这个人跌跌撞撞地向他这边跑过来。他终于看清了,这个人正是他的老父亲!

父亲热烈地拥抱他,亲吻他。看到他衣衫褴褛、饥寒交迫的样子,父亲老泪纵横,连忙命人给他拿来衣袍、鞋子,并宰杀牛犊庆祝他的归来。

《浪子回头》表现的就是父亲看到小儿子归来,以及小儿子请求父亲宽恕时的场景。

画面中,父亲的两只手,一只细腻柔软,似女人之手;另一只粗大有力,似男人之手。伦勃朗通过对两只手的不同刻画,喻意了父亲对归家之子慈母般的爱怜以及父亲般坚强有力的护佑。

浪子回头

伦勃朗，布面油画，262厘米×205厘米，1663—1665年

面部以侧光表现了父亲此时悲喜交加的心情。

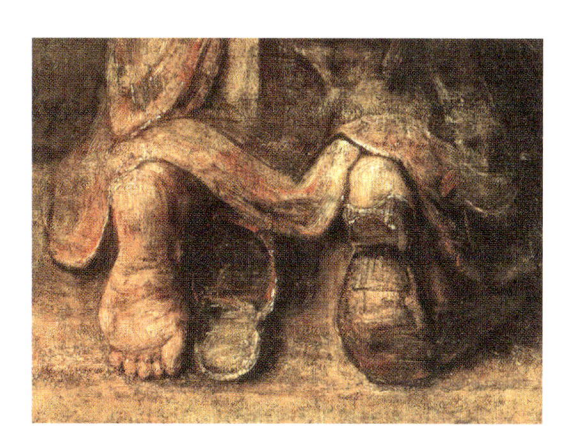

同样，小儿子的两只脚也被伦勃朗刻画出了两种状态：一只光脚、一只穿鞋。粗糙且伤痕满布的光脚，暗示了小儿子在外穷困潦倒以及艰辛的回家之路；穿鞋的脚则喻示了他将得到父亲的宽恕与保护。

《浪子回头》延续了伦勃朗一贯的以强烈的明暗对比来展现叙事性的绘画手法，且由于此画作是其晚期的作品（最后的几件作品之一），其坎坷的生活阅历与情感经历，使得他对光线的运用更加细腻巧妙，意境也更加深邃幽远。除此之外，特别要注意的是画家对于父亲的面部表情（神态）以及两只手的刻画。伦勃朗在他艺术生涯的初期就在这些方面下过很大功夫，因此练就了卓越精湛的绘画技艺，他也因此特别喜欢描绘人物的神态与手部。

人物的面部表情、手部以及服饰细节的刻画，是伦勃朗绘画功力最深、最生动、也最动人的地方。冬宫博中的《红衣老人肖像画》《浪子回头》《花神》是其中的杰出代表。

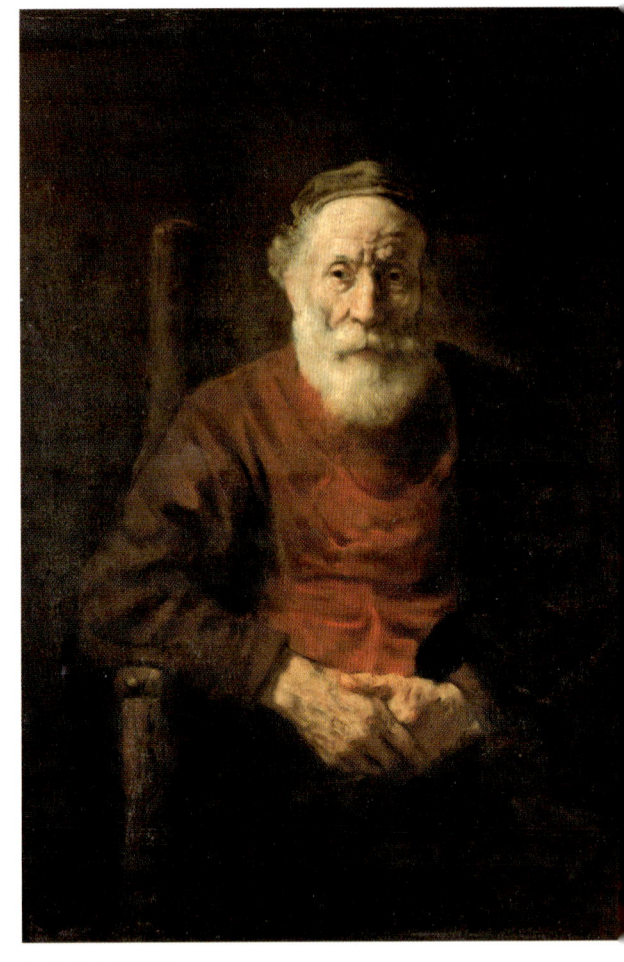

红衣老人肖像画
伦勃朗，布面油画，108厘米×86厘米，1652—1654年

❁ 伦勃朗展厅

很多观众在博物馆看展览时，往往只对展厅中的展陈品看得全神贯注、认真仔细，却对展厅"为什么是这样的一种布局（设计）"很少在意。而实际上，展厅的布局（布展）也是展览的重要构成部分，忽略了这一部分，就像是读完了一本精彩的小说却不知道它的主题和中心思想是什么一样。要知道，每一个展览的推出，其背后都蕴含着策展方对于"突出主题、展示精彩"的设计构想。我们以冬宫博伦勃朗展厅为例，简要说明展陈设计对于突出主题所起到的重要作用。

参观伦勃朗展厅，大多数观众都沉浸在对大画家精彩画作的欣赏与赞叹中，却很少有人会想："伦勃朗展厅为什么是以《达娜厄》开端、以《浪子回头》收尾？"或者说，又有多少人发现了展厅内的作品是由一条共通的主线串联在一起的？

这条主线就是"父与子"。展厅内的作品大多围绕着"父与子"这一主线，而这正是伦勃朗展厅所要表达的核心主题。选择"父与子"为展览主题，原因有二：一是，伦勃朗创作了很多这一题材的作品，如《达娜厄》《亚伯拉罕献祭》《浪子回头》《耶稣被扶下十字架》等；二是，罗曼诺夫王朝（冬宫）收藏的第一幅伦勃朗的画作《大卫与约拿单》（现展陈于伦勃朗展厅），是由彼得大帝购入的。约拿单是以色列王扫罗的儿子，他差点被他的父王杀死，这与彼得大帝和他的儿子阿列克谢之间的经历有些相似（阿列克谢因为叛父，被彼得大帝投入监狱，并在监狱中受尽折磨死去）。因此，以"父与子"作为主题，对于伦勃朗展厅来说有着特殊的意义。

"何以中国"。左，红山玉龙；中，陕西何尊；右，良渚玉琮

在此，再捎带着说一个中国博物馆的展陈设计案例。

"何以中国"是北京故宫博物院2022年的开年大展，它集中华古代文明重器于一展，规格之高乃近年所罕见。由于故宫本身展览空间所限，因此每次故宫大展，展陈物都会被密密麻麻地摆成一片（主办方想让观众看到更多的宝物），这次"何以中国"也不例外。

但是，这一次例外的是，在展厅的中央位置、最抢眼的一大片区域内，只摆放了红山玉龙、良渚玉琮与陕西何尊3件重器。很多观众在参观这一重量级大展时，都忽略了这样一个不同寻常的展陈设计——为什么这3件器物要占这么大的空间，而其他展陈品却都挤在一起？匀一匀不是更好吗？告诉你！因为这样的展陈设计：左，红山玉龙，代表北方；右，良渚玉琮，代表南方；陕西何尊，位居中央，此3件国宝重器所代表的龙、玉、青铜器文明点出了中华文明的特质以及**"何以中国"**的主题。因此，观众绕着展厅密密麻麻地看了半天，其最终的点睛之笔实际是在这3件重器上。所以，看展一定要留意展厅布局，里面藏有大学问。

凡·高的画为什么能出圈？只因他解锁了看世界的新姿势

绘画中如果没有光效，就如同泥胎未经窑烧便没有瓷器的光彩一样，它所呈现的画质完全不同。因此有人说，不会画光影，就别奢谈绘画！足见光效在绘画中的重要作用。正因如此，伦勃朗等大师们才纷纷以精湛的"光线"技艺来照亮主题、点亮作品。

不过，细究起来，伦勃朗等大师们画作中的"光"并不是真正意义上的光，它是一种舞台剧的追光效果，是一种人造光效。而真正的光，是我们平常所说的日光、自然光。

巧了，在世界艺术史上，还真就有这么一帮人，他们**专门绘画自然光下大千世界中的光怪陆离的万物形象**。这帮人，人们称之"印象派"画家。

本章，咱们就说说印象派以及冬宫博所珍藏的印象派名家名作。

冬宫博海军总部分馆展厅

❋ 印象派的由来

19世纪中后期,欧洲的一些年轻艺术家因为自己的画作总是被官方所举办的年度沙龙展(相当于国家级展览)拒之门外,由此意识到传统绘画(古典主义、新古典主义)已经不能满足时代的需要。于是,他们决定成立一个团体(协会),即由画家、雕塑家、版画家等艺术家所组成的"艺术家互助联盟",其主要目的是举办一些展览,让艺术家的作品可以自由地被公众看到。该展览不设评委,也没有任何参展报酬。

协会成立后,1874年4月至5月,艺术家们在巴黎举办了第1届画展,参展的画家计有30位,其中包括后世名垂艺术史的大画家莫奈(Monet)、德加(Degas)、西斯莱(Sisley)、毕沙罗(Pissarro)、塞尚(Cézanne)、雷诺阿(Renoir)等人,雷诺阿是该届展览会的主席。该届画展共计展出165件作品。

该届展会上,法国画家莫奈展示了一件名为《日出·印象》的作品。该作品因为"画面模糊不清,景物描绘不清晰"而受到一些媒体和记者的嘲讽。他们说:"这哪里是艺术作品啊?这就是凭着印象胡乱瞎画的东西嘛!"随之,"凭印象瞎画"(意指粗糙、随意)便成了这一类绘画风格画家的代名词，**"印象派"** 由此产生。

1886年5月至6月，该协会举办了最后一届(第8届)展览，共有17位画家参展。之后，该协会逐渐淡出。

迪耶普[1]附近的悬崖
莫奈，布面油画，1897年
现展陈于冬宫博海军总部分馆[2]

❀ 印象派画风

印象派的画作为什么模糊不清？它们为什么不呈现景物的清晰样貌？

回答这个问题之前，我们必须弄清楚一件事：

画家为什么要画画？

画家进行艺术创作，根本上是为了表达自己对时代、事物或某一现象的感悟、感觉与认识。套用培根[3]的一句话："绘画是画家的精神系统投射到画布上的一种方式。"是艺术家自我思想与情感的表达。其主要目的是**表达自我情感，而不是为了给别人看！**记住这句话，可以通吃(理解)所有画家与画展(辰馆总结的看画、看展秘法之一)。

现在，我们来说印象派。

印象派画家在作画时，只关注两件事：**光线与色彩**。印象派画家认为世界上的万物没有固定的颜色，它们会在不同的光线下

---

1. 迪耶普(Dieppe)，法国北部城市。
2. 以下画作均出自海军总部分馆的，不复注地点。
3. 弗朗西斯·培根(Francis Bacon)，英国哲学家。

211

呈现出不同的色彩，而印象派画家的目的就是要表现不同光线下的物体的色彩。"房间里的花瓶"是印象派最喜欢举的**光线与色彩之间关系**的例子，其理论依据如下：

在一间密闭的没有窗（有门）的房间里，放有一张桌子，桌子上摆有一个插满鲜花的花瓶。哦，还有一个站在屋子里的你。

当房门紧闭时，你看不到屋内任何东西，也就无任何色彩可言。

当房门打开一丝缝隙时，你隐隐约约能看到桌子上有一个花瓶，花瓶里隐隐约约有一些花。此时，桌子与花都呈黑灰色。

当房门再多打开一点时，你看到的桌子与花瓶虽然仍然以黑灰色调为主，但已不再是完全的黑灰色，它有了色彩上的微弱变化。

当房门再多打开一点、再多打开一点、再多打开一点……直至完全打开。在这个过程中，你所看到的花瓶里的花的颜色由黑灰、褐紫……直至鲜艳，它有一个非常明显的色彩变化过程。

印象派由此证明：万物本无固定色彩，是因为光的作用，才使它们呈现出不同的色彩。因此，印象派们立志要表现：

不同光线下的物体的色彩。

于是，就出现了"画面模糊不清，景物描绘不清晰"这样的一种画面效果。以莫奈的《吉维尼草地》为例，画家所表现的就是那一时刻（阴天、下雨、刮风），他所看到的自然光下的吉维尼草地的情景。它，就是画面中的那个样子，朦胧一片，模糊不清。（画家作画是为了表现自己想要表现的，而不是为了满足观众看清楚景物的愿望。再次强调！）

吉维尼草地
莫奈，布面油画，1888年

《吉维尼草地》 细节

鲁昂*的塞纳河
莫奈，布面油画，1872 年

再例，《鲁昂的塞纳河》。由于画家关注的只是光与物体色彩之间的关系，而非具体的树、船、房屋与草地的形象（画家无意去描绘它们的细节），故而画面所呈现出来的就只是画家所看到的，光照下的，真实的树、船、房屋与草地的景象。试想一下，正午，你站在一片草地上，一眼望去，强烈光照下的草地会是鲜嫩的绿色吗？它的每一棵小草都是清晰可见的吗？当然不是！当你一眼望去时，大部分草地是白亮亮一片，看不到任何细节。因此，印象派所展现的就是光照下的物体的色彩及其样貌，此时此刻，它白即白，它绿则绿，它模糊即模糊。

印象派画作画面模糊，还有另外一个原因：印象派关注的是光线与色彩之间的关系，它的特点是捕捉某时某刻光照下的物体的色彩印象。这就要求画家的动作必须快，因为光线瞬息万变，譬如，黄昏时的池塘，每隔几分钟光线便会有很明显的变化，画家根本来不及去描绘景物（树木、花草、池水）的细节，因此**印象派的作品不刻意表现物体的具体细节，而更关注于描绘物体对光线的反映**。莫奈的代表作《池塘·睡莲》，在世界各地的著名博物馆中几乎都能看到它的身影，据说有百余幅之多，但每一幅却又各不相同，它们分别展现了不同季节（春夏秋冬）、不同时间（早中暮晚）、不同气象（阴晴雨雪）等条件下的池塘中的光影、气氛与色彩。

印象派以自己的视角与特色，去表现他们眼中的世界与艺术。

* 鲁昂，法国西北部城市名。

花园中的女子

莫奈，布面油画，1867年

❀ 印象派绘画的特点

印象派因为要表现自然光下的万物景象，这使得画家们必须走出画室，因此，印象派画作具有下列特点：

1. 多为室外画，描绘了大自然或身边的景色。

2. 画幅较小，便于室外携带与移动（古典主义绘画因为是在室内，故而可以绘制较大画幅）。

3. 颜色不多，常使用蓝、黄、绿、红、白等几种色彩。

4. 笔触粗犷，因为要快速捕捉某一光线下的景色，故而不能像古典主义绘画那般精琢细绘。

内赫湾
·莫雷特（Henri Moret, 1856—1913），布面油画，1896 年

弗港
，布面油画，1874 年

5. 光影的稍纵即逝感，印象派关注的是某一时刻所描绘对象的光影变化。光与色彩是印象派画作的硬核所在。

总结：**欣赏印象派画作，重点看它的光与色**。

❀ 如何欣赏印象派作品？

欣赏绘画艺术（包括印象派），首先看它的构图、色彩与光线；然后，再看它的**内容、形式与技法**。（高手们都是同步进行。）

以莫奈的《哈弗港》为例。

面对《哈弗港》，首先看它的构图、色彩与光线的处理是否得当、舒适、养眼，然后进入下一阶：看它的内容、形式与技法。

看内容：《哈弗港》是一幅风景画，它描绘了哈弗港口喧闹的景象。此时你可以根据自己的阅历，判断它的画面是否符合常理、常识，以及它是否你感兴趣的绘画类别等。譬如，你喜欢肖像画、静物画，而对此类的风景画没有太大的兴趣，那就只做简单欣赏即可。又或，你喜欢风景画，那么请接

215

着往下欣赏。

看形式： 画家作画，会根据内容（题材）选择绘画的形式，如水彩画、油画、版画等等。譬如，绘画中国古代女子的形象，水彩画更适于表现她们温婉淑娴的气质，而绘画西方贵妇、公主，则更适宜以油画表现她们的雍容华贵。也即内容决定形式。在《哈弗港》中，莫奈以油画的形式展现了哈弗港的繁忙，体现了形式与内容的和谐统一之美。

又例，莫奈的《花园中的女子》，油画的形式恰到好处地表现了花园中葱绿的草木、鲜艳的花朵、明媚的阳光以及沐浴阳光的女子。

欣赏绘画艺术，进行到"看形式"这一步，大体上已完成了对一幅画的最基本的欣赏体验。此时，恭喜您！您的赏画看展水平已经从"小白级"提升到了"明白级"！再深入一步，您就跨进了专业水准的门槛——入门级：看技法。

看技法： 技法是绘画的硬核部分。看懂技法，并欣赏技法，需要深厚的美术知识和美学素养。限于篇幅，我们在此不做深入

《花园中的女子》局部

展开。

对于印象派画作来说，看技法，主要是欣赏它在光与色彩的处理上的技法的运用，以及它所展现的画面的精神气韵与整体美感。

以雷诺阿的《执扇女孩》为例。

当时的人们用"迷人的现代精神与女性气质"来赞美《执扇女孩》。它描绘了一位

执扇女孩

雷诺阿、布面油画、1880 年

少女手拿一把打开的折扇，面部略向左看的一种非常松弛的自然状态，比起古典主义肖像画中人物端庄、严肃、沉稳的形象，它更富有亲切感和生活感，因而受到人们的好评。

但是，作为"小白"，你看到这幅画的第一感觉很可能是不好看！因为它的人物与画面都太过粗糙，例如扇子，没有细节的描绘，只有几朵艳丽的色块——这是典型的"小白"看画。

而专业人士欣赏这幅画，除了构图、色彩、光效、内容和形式，更多的是从技法的角度去看它。《执扇少女》，画家的着眼点是表现那一时刻的光线环境下，光照在人物脸上、身上、扇子上的光影、色彩、明度以及人物状态的反映，画家通过技法展现他所想要表现的内容。你看懂了，并且能够欣赏之，你的赏画看展能力就入了专业门！这就如同去看时装秀，有些奇装异服给人的感觉并不好看，那是因为我们是从传统服装观念或个人审美角度去做的评判，而不是从服装设计师的角度去欣赏它。我们只有站在设计师的角度去感受它、理解它，才能欣赏到设计师所要表现的它的内涵与美，这便是专业水准。

所以，"小白"朋友们再去看画展，请默念"构图、色彩、光效、内容、形式、技法"这六大看展法宝，并逐项去观赏品味之。相信用不了多久，您就"小白"变"大咖"啦！

❀ 冬宫博所藏印象派画作

冬宫博藏有众多世界著名印象派画家的作品（再次证明罗曼诺夫王朝有钱，任性，豪横），如：印象派领袖级人物莫奈，代表性人物雷诺阿、毕沙罗、亨利·卢梭（Henri Rousseau）等，新印象主义代表人物修拉（Seurat）、保罗·西涅克（Paul Signac）以及后印象派大师级人物凡·高（van Gogh）、塞尚、高更（Gauguin）等，其藏品种类和数量之多令人艳羡不已。

❀ 印象派名家名画

雷诺阿（1841—1919），法国画家；幼时，被父母发现绘画天赋，遂送入制作瓷器的装饰作坊学习绘画；后随从事人像纪念章工作的兄长工作；之后，开始接一些绘画商店门窗的小活儿，并因此积攒了一笔积蓄。1862年，进入美术学院学习。晚年时，手指因患麻痹症而蜷缩，这期间只能让人将画笔塞入手中进行绘画。

雷诺阿擅长绘画妇女和儿童的肖像画，他将印象派的绘画原则运用到肖像画的创作中，形成了独具特色的肖像画风格。

雷诺阿最重要、最完整的作品较多保存于法国奥赛博物馆、美国大都会博物馆、俄罗斯艾尔米塔什博物馆、华盛顿国家美术馆等世界知名博物馆中。

《女演员珍妮·萨玛丽》：珍妮·萨玛丽是当时法国的一名女演员，雷诺阿曾多次为她作画。这幅《女演员珍妮·萨玛丽》表现了珍妮·萨玛丽正从剧院大厅走向观者的动态画面，其微张的红嘴唇、裙摆下露出的左脚都体现了画家刻意制造的动态感。而女演员美丽的薄纱裙在剧场光线的映照下所呈现出的光色效果，是画家最得意之笔。

《女演员珍妮·萨玛丽》是雷诺阿最重要的代表作之一。

女演员珍妮·萨玛丽
雷诺阿，布面油画，1878年

手拿鞭子的孩童

雷诺阿、布面油画、1858年

观赏重点：孩童身上与环境中的光影描绘。

花瓶中的玫瑰花

雷诺阿、布面油画、1910—1917年

法兰西剧院广场

毕沙罗，布面油画，1898 年

《法兰西剧院广场》局部

毕沙罗（1830—1903），法国画家；少年时曾在巴黎求学，后回到父亲所开的商店中做店员；因心怀画家梦想，1853 年离家出走；之后，父亲接受了他成为艺术家的志向，允许他去巴黎研习绘画；1855 年，先后在巴黎美院和瑞士美院工作。在瑞士美院，他遇到了莫奈和其他几位印象派画家。与其他一些印象派画家不同，他的画作时常能在国家沙龙展上展出。他为人质朴、友善，乐于助人，与莫奈、塞尚等知名画家是好友，他也是高更的老师之一。朋友们对他的评价：他是一位好老师，他甚至能教石头如何画画。

毕沙罗擅长画都市题材，尤其偏爱画道路、街道的风景。他画有一系列在临街房屋中俯瞰街市景象的画作，如在卢浮宫酒店屋顶上以法兰西剧院广场为题材的《法兰西剧院广场》和以巴黎蒙马特大道为背景的《巴黎蒙马特大道》（冬宫博藏）等，形成了具有鲜明个性的"道路风景画"系列作品。他在写给儿子的信中说到：这些画太难画了，游人、马车、建筑、树木，一切都需要平衡……

所以，当我们面对毕沙罗的作品时，需要认真欣赏画家所用心构建的画面中的平衡关系以及印象派所强调的光影效果。

221

✳ 新印象主义画派名家名作

修拉（1859—1891），法国画家，新印象主义画派领袖。上中学时曾同时兼修一所美术学校的课程，并在那里临摹了很多书籍插画、绘画作品和石膏像；1877年，进入巴黎美术学院学习，并受到父母的鼓励与赞助。对色彩理论有较深入的研究与实践探索；创造了点彩绘画法。

由于修拉的点彩法是在印象派光色原理基础上产生的新技法，因此它也被称为"新印象主义画派"。修拉与保罗·西涅克是点彩法的先驱，也是新印象主义画派的代表人物。

修拉的代表作：《大碗岛的星期天》，现藏美国芝加哥艺术学院。

点彩法：以色点的形式绘画物体。

起初，由于印象派所追求的是表现自然光下物体的色彩，因此修拉便潜心研究光与色之间的关系，试图"探寻一种光学绘画的表达方式"。之后，他创造了一种新的绘画技法：**点彩法**，也即将色彩分解为多个细小独立的彩点，各种彩点相互组合，**产生**

* 笔触：绘画中的笔法，也即运笔的痕迹。

海岸草地
修拉，布面油画，1886 年

出一种独特的色彩效果与视觉感觉。通俗的说就是，把原来画面中的复杂色调拆解成简单的纯色小点儿，将这些彩色小点排列组合在一起，从而得到一种更美妙的分色效果，这种绘画技法就是点彩法。举例说明：某画家要画灰色，原本他需要事先将黄色和蓝色两种颜色进行混合从而调出灰色，然后再将灰色画在画布上，届时观众看到的色彩就是灰色调。而修拉发明的新技法则是，画家不再事先将蓝、黄两色调成灰色，而是直接以黄色和蓝色的笔触*涂画在画布上，然后由人的眼睛去进行自动调和，进而产生灰色视觉，专业上称之为"视觉调和法"。

欣赏点彩画需要注意两件事：

1. 要与画作保持一定的距离，也即要**站得远一点**。只有站得远，你才能够看清画面中的景象，才能看清画家想要呈现的色彩。

2. 近距离观看，**近到你所能近的最近距离**，此时你会看到画作最真实的色彩与笔触。

比较远、近两种不同距离的观看效果，你会发现两者在色彩上表现出很大的差异，这也是点彩画的迷人之处。如前例：近看是明亮的黄色与蓝色，远看则是温和的灰色。

另外，近距离观看时，你会发现点彩画的笔触长且粗壮，就如同将画面打了马赛克一样。

近距离观看点彩画，是一种非常奇妙的视觉体验。

马赛港

保罗·西涅克，布面油画，1906—1907 年

保罗·西涅克（1863—1935），法国画家，新印象主义画家；出身于富裕家庭，青年时代便全身心投入到绘画中；绘画技法受印象派影响较大，其作品中既有印象派一脉传承的技法风格，也有自我创新风格；与修拉同为点彩法的先行者。

《马赛港》，非常典型的点彩画技法，它以较长且粗大的笔触将当时光照条件下的马赛港中的建筑、船只以及水面的状态以一种童话般的浪漫色彩展现出来，呈现出新印象主义画派独特的技法魅力与色彩魅力。

阿西西附近的圣玛丽亚教堂景色

亨利·埃德蒙·克罗斯（Henri Edmond Cross，1856—1910），布面油画，1909年

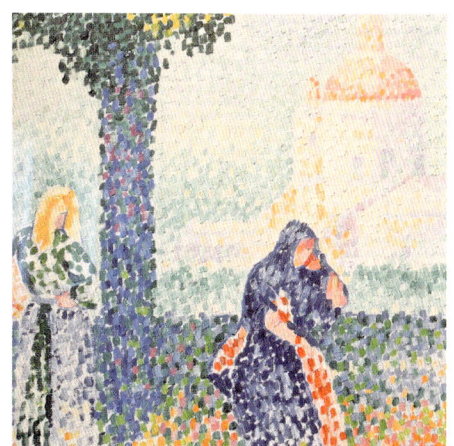

《阿西西附近的圣玛丽亚教堂景色》，以明亮的黄、蓝、绿、白等纯色，以点彩法，创造出了一个具有马赛克装饰性效果的优美画面。远看，画面中景物教堂、树木、人物明确；而近看，人物则只是由一个个"马赛克"色块（笔触）拼出的模糊轮廓。

或许，看过点彩画后，你心里有这样一个疑问：画家为什么要把一个好端端的景色，偏偏画成这种模糊难辨的视觉形象？

这个问题在本文开篇就已说明：绘画是画家个人思想、意愿的表达，他想怎么画就怎么画，他想要创新就去创新。并且，无论在哪个领域，人类都一直走在创新的路上。以建筑为例，过去建筑的造型都是平顶房、普通楼房，而今天的建筑造型则出现了火炬形、鸟巢形、古尊形等等。这些造型无论我们个人喜欢不喜欢，它们都是建筑造型上的一种创新。这种创新让我们惊喜地发现——原来，它们还可以是这般样！

225

❖ 后印象主义名家名画

印象主义打开了"去室外画自然光下物体的色彩"之门,首开走出画室之风。(之前也有画家画室外风景画,只是不成风气。)

新印象主义在印象主义"光—色"的基础上,拆分了颜色的绘画方法,走出了一条前无古人的"点彩画"之路,首开"视觉调和"之新视觉艺术。

那么,后印象主义开创了什么?

我们先来看几幅后印象派巨匠凡·高的画作。

从凡·高的《风景、房子和农夫》《清晨:去工作》《灌木丛》这3幅画中,我们看到了与之前写实主义风景画不太一样的画面风格。之前,画家们画风景画,都是在写实的基础上去绘画风景,譬如画房屋、画树木、画人物,都是对自然景物的真实描摹,自然是什么样,画家就按照它原本的样子描绘下来。尽管印象派所呈现的景象有些显得比较模糊,但它依然是自然景象的真实再现,是对描绘对象的真实反映。而在凡·高的这3幅画中,我们看到的不是对场景的写真式描摹,而是有了改动。

有了什么改动呢?

风景、房子和农夫
凡·高,布面油画,1889年

凡·高曾说:"我要描绘一幅满树黄叶的秋景画,如果我把它看作是对黄色各层次之间的一种协调,那么,我画的黄色与树叶的黄色是否相同又有什么关系呢?没有,它们没有关系。"

哦,原来凡·高所画的不再是客观自然的真实反映,而是他自己主观意念的表达。故此,他所画的那些房子看上去都歪歪扭扭,好像一阵风来了便会刮倒似的,那些树也好似被点燃了一般,充满了燃烧的激情,而这些都只是因为他主观上想要这样表达。

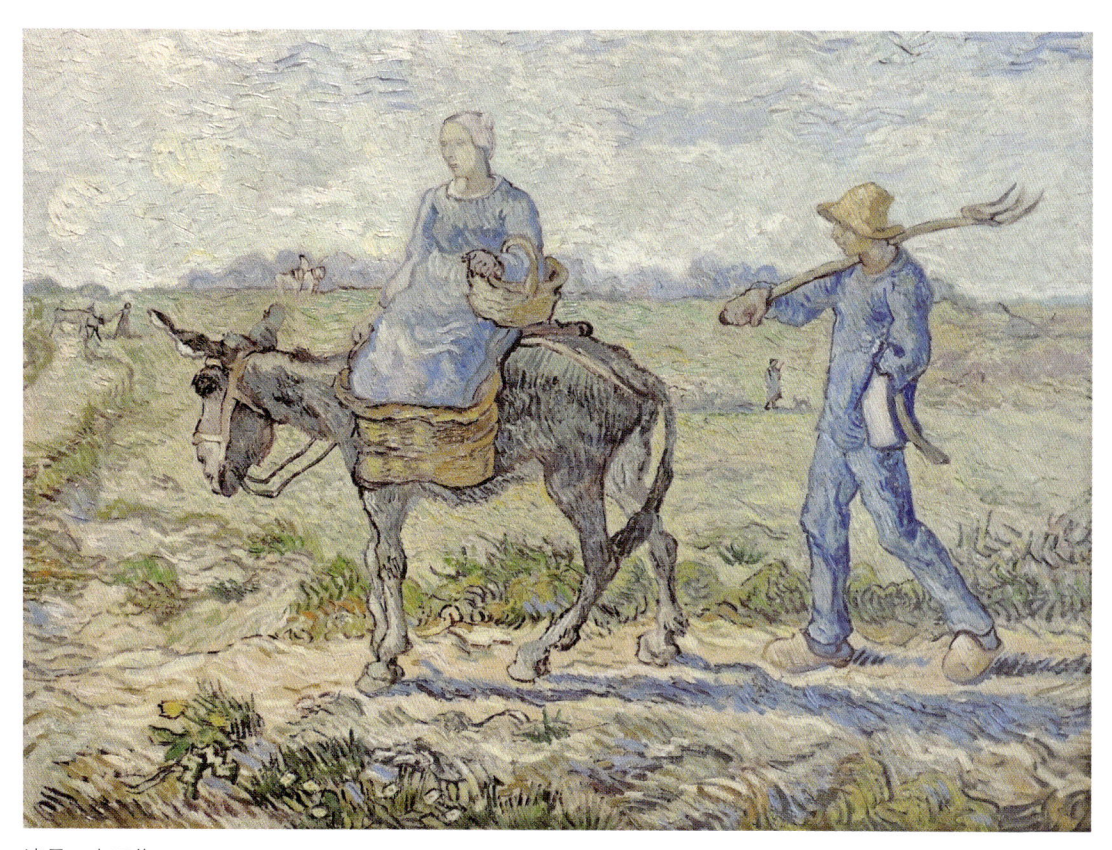

清晨:去工作

凡·高,布面油画,1890年

于是,人们把这种在印象主义基础上发展出来的,不只单纯追求色彩这一狭隘的表现形式,而着意于画家主观情绪与思想表达的绘画风格,称为"后印象主义"。

此时,你再看凡·高的画作,你便理解了为什么他笔下的房子、树、草等都歪歪扭扭,连天上的云也像是着了火一样。因为画家所要表达的景象与真实的自然之间——"没有,它们没有关系",它只是画家自己思想和情绪的流露。而从健康原因看,凡·高患有某种精神疾病,因此他的画作总是充满了怒放的激情,充满了"火药味",充满了躁动不安的紧张感,或许这也正是凡·高精神世界的一种体现。

灌木丛

凡·高，布面油画，
1889年

凡·高（1853—1890），荷兰画家；出身于牧师家庭，父亲是一名牧师；9岁时就表现出对绘画的酷爱之情；成年后，在经历了一系列的感情与宗教上的挫折后，1880年，他决定拿起画笔，重新开始画画，在此期间，他得到了弟弟提奥给予的精神上的鼓励与财务上的全力支持；1886—1888年期间，凡·高在巴黎结识了毕沙罗、保罗·西涅克、高更等画家。

1888年2月，凡·高前往法国南部小镇阿尔勒（Arles）。受凡·高影响，高更也来到了阿尔勒，但两人的交往以一种惨烈的形式结束。1888年12月23日夜，凡·高持刀走进高更的房间欲加害高更，行动失败后他割下了自己的耳朵，这也是后来他那幅著名的《割了耳朵的自画像》的背景事件。1890年7月27日，凡·高开枪自杀，结束了生命（7月29日离世），享年37岁。

凡·高画作艺术特点：

1. 画面极为明丽，所用颜色几乎全是高纯度的色彩，给人以强烈的视觉冲击力。

2. 笔触厚且有力。笔触是画家抒发情感所使用的艺术语言，凡·高用那些或旋转、或跃动的笔触来表达他内心热烈又寂寞、压抑又不羁的情感世界。

3. 画面整体给人一种火焰般的热烈感、升腾感、颤动感、动态韵律感，而这正是画家偏执狂热、躁动不安的内心世界的真实反映。

如何欣赏凡·高画作？

欣赏一位画家画作的最好的方式，就是先了解他的绘画风格并站在他的视角去感知其作品。对于凡·高画作来说，或许凡·高自己说过的一句话可以作为这个问题的最佳答案，他说："我不想使画中的人物真实。真正的画家画物体，不是根据物体的实况，而是根据自己的感受画之。"因此，欣赏凡·高画作：一、不要苛求"真实"，不要苛求他画的景物像真实的树、真实的房子、真实的人；二、站在他的角度去感受他所要表达的情感或情绪。

后印象主义大师，除凡·高外，还有塞尚与高更。

高更（1848—1903），法国画家；他的父亲是一名记者，母亲出身于秘鲁贵族家庭；小学时便梦想离家出走；青年时期，做过商船见习工、参加过海军、在艺术经纪人手下任过职；1879—1882年间，作为业余爱好者开始绘画和雕刻；1876年，作品进入官方画展；1883年成为全职画家；1879—1886年间，参加了印象派画展，并因其中的一幅画而受到好评；1886年，19件作品参加了第8届印象派画展，显露出在风景画构图方面的独特风格。

1891年，高更画作拍卖得到了较好的收益，于是他启程前往波利尼西亚群岛。岛上美丽的风光和原住民多姿多彩的生活令高更兴奋不已。他很快在塔希提岛上找到了类似埃及浅浮雕的那种浑厚的古典韵律以及日本版画中的夸张色调，他被岛上丰富的热带色彩强烈吸引，并创作了许多有关塔希提岛生活的画作。之后，由于手头拮据，他卖掉了画室，并因负债累累而极度孤独与消沉。1898年2月，他在住地的小山上服毒自杀（未遂）。1901年后，高更定居于马克萨斯群岛中的阿图奥纳（Atuona），直至1903年5月8日去世，享年55岁。

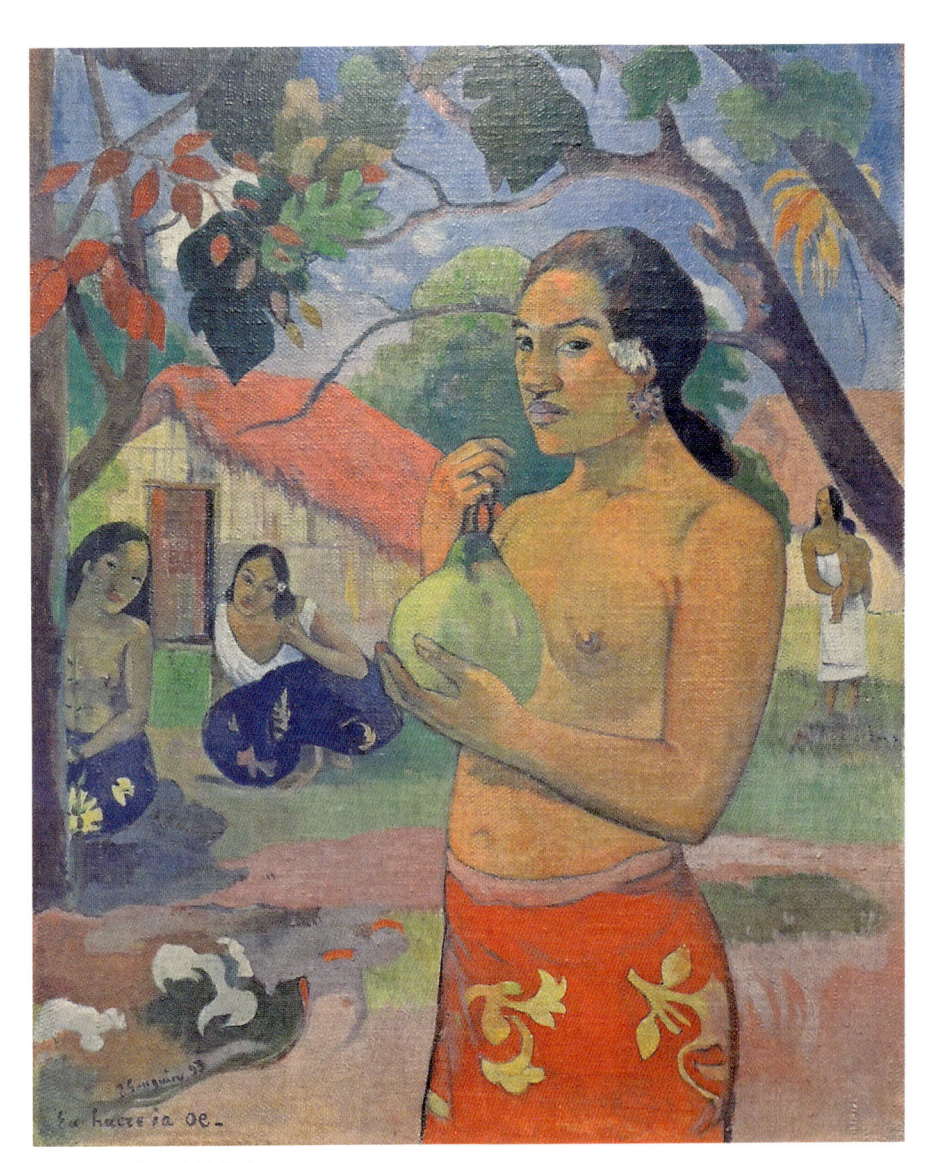

拿着水果的女人

高更,布面油画,1893年

对话

高更，布面油画，1891 年

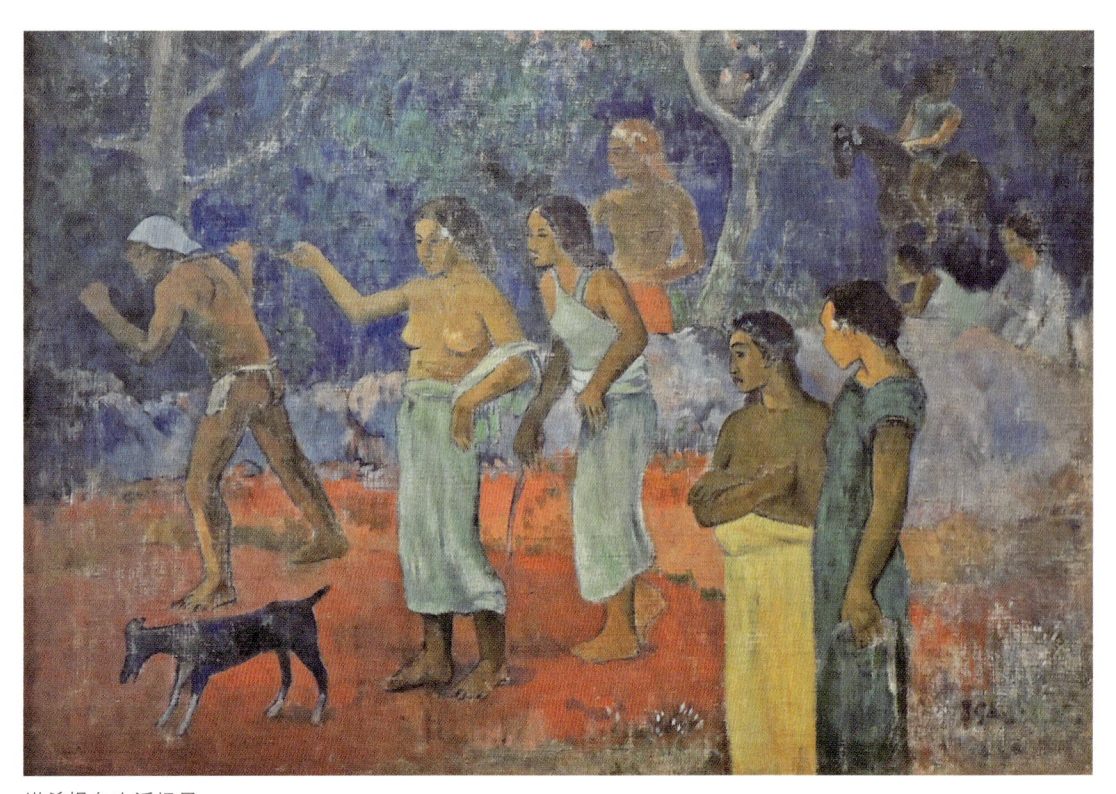

塔希提岛生活场景

高更，布面油画，1896 年

高更画作艺术特点： 强烈的装饰性与平面化特征。观赏高更的作品不难发现，其画面缺少立体感，显示出强烈的平面化特征，例如《拿着水果的女人》中的树干，其本应表现为圆柱形、带有立体感，然而它却被画成了扁平状、平面化；再看拿着水果的女人，她看上去就像是一个人形纸片贴在了画布上，完全没有立体感。**平面化是高更作品的重要特征**。另外，高更对于颜色的大胆运用，让画面具有了浓郁、明丽的装饰效果，同时也带有了某种魔幻性。在高更的作品中，我们总是能看到一丝无法言喻的神秘感，这或与其幼时与有着狂热信仰的外祖母生活在一起有关。

至于高更为什么要把三维的立体世界，生生地描绘成一个二维的平面状态，高更自己给出了答案，他说："低品级的画的产生，是因为要把一切再现出来，因而使整体陷入了细节的描写……而绘画的真正意义是从简单的色彩、光和影的分布里产生的印象。"意思是说，画家绘画应该通过对色彩、光和影的描绘给人以启发与启迪，这样才是绘画的意义所在。因此，欣赏高更的作品重点在于感悟他通过二维画面所想要表达的主题思想，而不是关注他画得像不像、美不美。这也是后印象主义与印象主义最根本的区别，**后印象主义关注的是自我思想与情感的表达，而不是对景物的写实绘画。**

塞尚（1839—1906），法国画家；他的父亲是一名银行家，为塞尚生活上的衣食无忧提供了保障；1858年，进入大学法律系学习；之后，回到父亲的银行，不久后确定了绘画志向；1874年，参加了印象派举办的第1届画展；1889年，作品在世界博览会上展出，并被邀请参加布鲁塞尔的"二十人画展"，之后，画作行情上涨。1907年，秋季沙龙展中，塞尚的绘画观又一次得到展现，展出57幅作品，进而被立体派、野兽派吸收、采用，并传至世界各地，成为现代艺术的启蒙者，被誉为现代艺术之父。

塞尚约有900幅油画和400幅水彩画收藏于世界各大博物馆中。

为什么说塞尚是现代艺术之父？

塞尚的绘画观：或许是研习过法律的

蓝色风景
塞尚，布面油画，1904—1906年

缘故，塞尚有一个严谨性与逻辑性都非常强大的大脑，这使他对一些问题有着自己独到的思想与认识。

譬如他说，如果你静坐在那里，前面放一个立方体，那么你最少能看到它的1个面（正对），最多能看到它的3个面。为什么只能看到1—3个面？因为你不动，它也没动（各位现在可以验证一下，在面前摆放一个小盒子，然后变换小盒子到正前方、斜上方等各种位置）。

但是，如果你把它拿起来转动一下，你就能看到它的所有（6个）面了。为什么你现在能看到它的6个面？因为你动了，它也动了。

因此，塞尚提出：为什么我们绘画某个景物时，只能按照传统绘画的透视法则去画某一个视角所看到的它的样子？而不能画一种移动视角所看到的它的形态呢？

移动的视角！移动观看！多视角观看！天哪！这个崭新的绘画观为绘画艺术带来了革命性的变革，它从根本上改变了传统绘画的形式，让现代艺术破茧而出！

塞尚，因此被称为"现代艺术之父"（毕加索：塞尚是我们所有人的父亲）。

一个伟大的事物（人物）出现，一定是解锁了一种新的看世界的方法。 请记住这句话！它就像是一把万能钥匙，为我们打开了一扇了解艺术家及其作品的神秘大门。它告诉我们为什么达·芬奇画的一个不那么美丽的女人《蒙娜丽莎》竟是世界名画，又为什么马蒂斯有如"儿童画"一般的绘画水平却使他成为名垂世界艺术史的大家。而毕加索那些令人看不懂的"东西"，行家们却个个叫好，这又是为什么？是的，

小知识

透视法：指在平面上描绘物体的空间关系的方法或技术。这是一种从几何学的角度来描绘场景中各个物体之间比例关系的绘画方法，是绘画技法中最基本的原则。其遵循"近大远小"的绘画原理。

它们的秘密都藏在了上面的这句话里，各位欲知更多精彩内容敬请关注《走遍世界博物馆》丛书，辰馆将逐一为大家解锁、解读。

回来接着说塞尚。

塞尚画作的艺术特点：

1. 明显的几何化倾向。塞尚认为所有的物体都可以用几何形状来表现，因此其作品中常以锥体、圆柱体、球体等形状来绘画所要描绘的对象（如《蓝色风景》，以锥形色块描绘的树叶；《圣维多利亚山》，以球形色块描绘的树和以几何体描绘的山等）。

2. 喜欢以黑线勾勒所描绘物体的轮廓。

《蓝色风景》局部

圣维多利亚山

塞尚，布面油画，1896—1898 年

3. 非固定视点、多视角绘画。仔细看《静物与织物》中的两个苹果盘，它们不在一个平面上！并且桌子呈明显的倾斜状。按传统绘画方法，表现同一桌面上的物体必定是被画在同一个平面上，而塞尚却打破了这种传统透视法的绘画原则，表现出绘画的主观性和随意性。也即，**我想怎么画就怎么画！我觉得怎么好看就怎么画！而不是按照客观自然去描绘**。甚至有人用现代科技分析了塞尚所画的苹果，发现它们竟然是由右眼图像与左眼图像合二为一所成——多视角、移动观看绘画法。

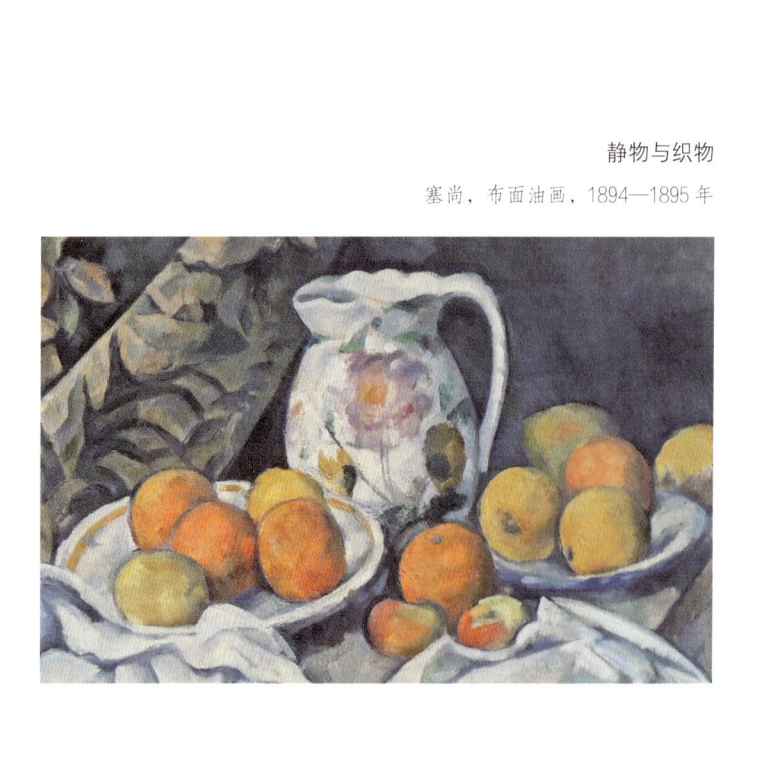

静物与织物

塞尚，布面油画，1894—1895 年

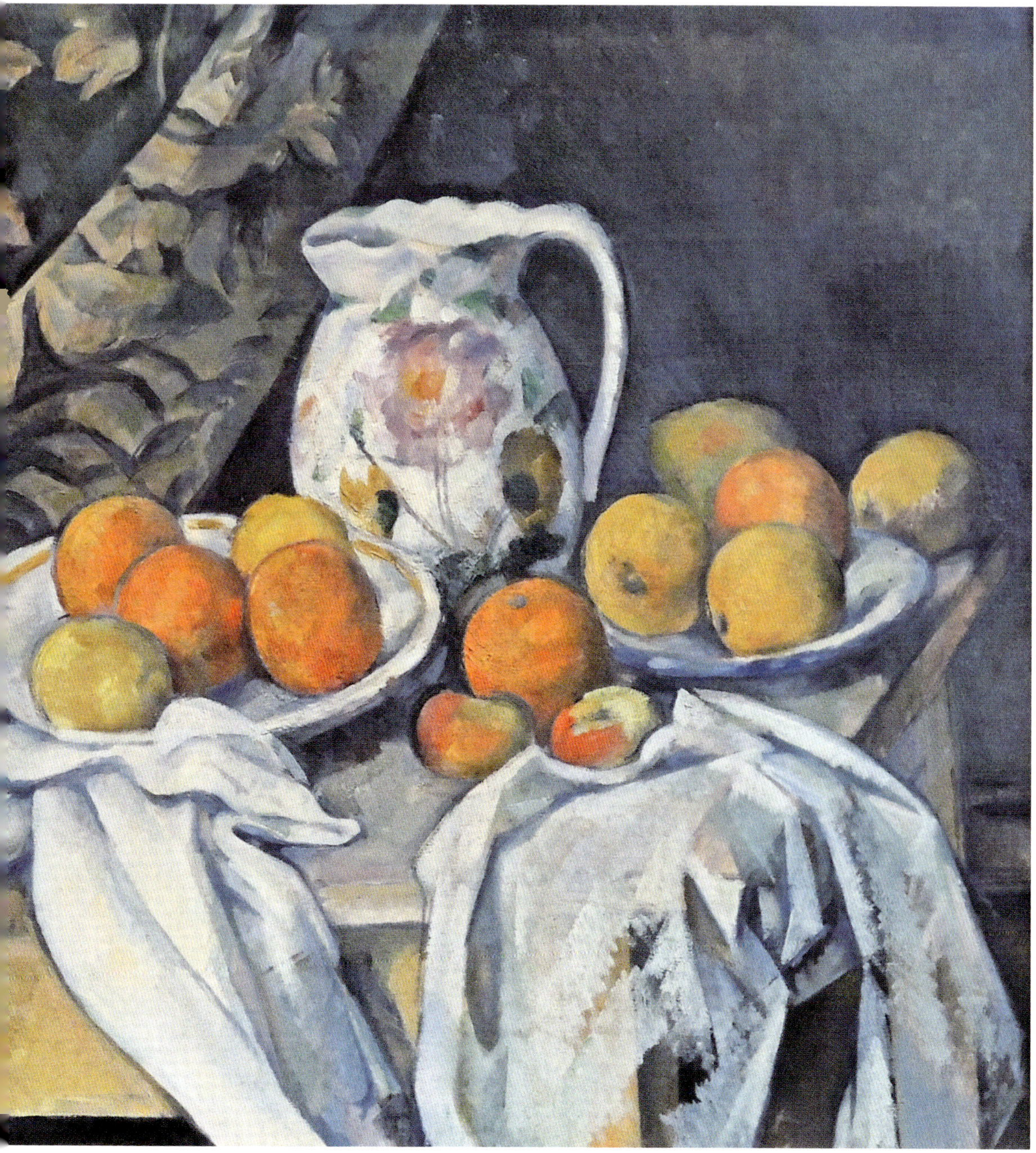

再看这幅《抽烟者》人物斜后方的瓶子和苹果，它们与抽烟者臂肘所在的桌子不是同一个平面，那些瓶子和苹果仿佛是悬在空中而非放在桌面上一样。

塞尚为什么要这样画？

只因为——他觉得抽烟者背后需要添加一些东西，才能使画面看上去更协调、更好看，于是，他就添加了瓶子和苹果。至于它们是不是在同一个平面上，是不是符合常理，是否符合透视原则，等等，这些则不是画家所在意的事。画家不考虑内容是否合理，只关心如何表现主观上想要表达的内容，而这正是后印象主义的绘画特征——画得像不像、美不美、是否符合常理、是否真实的客观自然，这些都不重要，重要的是画家通过重新构造的画面来表达自己对所描绘对象的认识与主观想法。所以，后印象主义画家可以以任何他们认为随心的形式，或变形、或夸张、或随意的手法来表现他们的主观意愿，而无须在意是否真实与合理。

后印象主义的绘画观如醍醐灌顶般打开了艺术家们的思路与视界，一批艺术家从传统绘画描绘客观自然的写实主义的束

抽烟者

塞尚，布面油画，1890—1892 年

缚中冲脱出来，转向以表现人的情感为绘画原则的主观表现形式。至此，绘画由描绘客观转向了主观表达，塞尚、凡·高、高更这些后印象派大师因此而成为现代艺术的启蒙者，这其中以塞尚的影响力最大，被誉为"现代艺术的奠基人""现代艺术之父"。

"暖男"毕加索,一心为观众着想的画家

> 这一章,我们说说令人看不懂的立体主义画派,它的代表人物是大名鼎鼎的西班牙画家毕加索。
>
> 巴勃罗·鲁伊兹·毕加索(Pablo Ruiz Picasso,1881—1973),西班牙画家、雕塑家。他的父亲是当地(西班牙安达卢西亚自治区马拉加市)美术学校的老师、画家,后全家移居巴塞罗那。少年时期,毕加索在巴塞罗那接受了正规的美术教育,打下坚实的绘画基础;1900—1907年间,在巴黎观摩与学习了国际上的各种绘画潮流,创作了著名的"蓝色时期""玫瑰色时期"系列画作;1907年后,开启立体主义绘画模式,成为立体主义风格的先驱与旗帜;1973年,在法国去世,享年92岁。

冬宫博海军总部分馆毕加索展厅一隅

❀ 立体主义的由来

后印象主义的绘画观如启明星般照亮了19—20世纪的欧洲画坛，为艺术家们打开了绘画艺术的新思路、新视界。画家们受其观念启迪，创作出一批令人耳目一新的新风格绘画。这其中，就包括了由毕加索领创的"立体主义"风格。

1907年，毕加索创作了一幅名为《阿维尼翁少女》的奇葩画作。之所以说它是奇葩，是因为画中的人物形象全部由几何形构成，这些少女看上去诡异古怪，身形夸张，与传统绘画中的人物形象截然不同，而这种绘画方法是前所未见的。1908年，毕加索将一批类似《阿维尼翁少女》画风的作品拿到秋季沙龙上参展，令当时的画坛为之一震。一位画家惊叹道："这就是一些立方体啊！"之后，一位评论家在撰文介绍该画展时第一次正式使用了"立体主义"一词。据说"立体主义"一词即由此而来。

立体主义绘画特点：

1. 以几何形描绘物体对象。2. 将多视角的立体画面同置于一个平面视角的二维画面中并进行重组绘画。

以《阿维尼翁少女》为例：少女们的面容及其形体皆以夸张、变形的几何体描绘，其中右下方坐姿少女的面容采用了多视角立体画面转化为平面视角的绘画法进行描绘。画家将画面中少女因脸朝左扭转导致无法看到的左脸"翻"到了画面上，形成了一个由右脸加左脸的平面图像（一张脸都看全了），从而解决了传统绘画中，观众只能看到描绘对象面向画外的形象，而不能看到除此之外部分的情况。呃！这话听上去有点绕，我们举一个实际生活中的例子来说明立体派的绘画特点。

场景：理发店

顾客在理发店理发，完毕后，顾客只能对着面前的大镜子来观看正面的发型样子，而看不到脑后发型的情况。此时，理发师会贴心地拿出一面镜子照在顾客的头的后方，通过镜子，顾客便可一目了然地观看到脑后的发型了。立体主义就是用这样的方式将观众看不到的后脑勺部分也一并放到了画面上来展示，从而使画面上既呈现出正常肤色的正脸，也呈现出黑乎乎的后脑勺，这与我们欣赏传统写实绘画时的体验完全不同，以至我们在初看它时，面对一张白晃晃的人脸外

阿维尼翁少女

毕加索，布面油画，1907年
现藏美国纽约现代艺术博物馆

加一堆黑乎乎的多边体，很有些找不着北。这就是立体派的绘画风格。立体派说我不仅展示给你一个正脸的样子，我同时还把脑后的样子也展示给你看，让你在同一幅画上可以看到多角度的、立体的发型全貌。不得不说，这样的画派很贴心、很周到，称其"暖男派"不过分吧。

毕加索就是这种画法——立体主义风格的先驱者与领航人。

如何欣赏毕加索的画作？

观赏毕加索的画作，无论是"小白"还是"老白"，众人的看法近乎一致：乱七八糟，纷乱无章，不知道画了些什么！看不懂！

但是现在，当你了解了立体派的绘画风格之后，再来看毕加索的作品，或许就有了一些"内行看门道"的感觉了。我们以冬宫博所藏毕加索画作为例，来实践一下内行如何看门道。

《友谊》中描绘了两个女人依靠在一起的情景，看上去其中一个小伙伴似乎有些闷闷不乐，她的同伴正陪伴其左右，故画作取

友谊
毕加索，1908年
现展陈于冬宫博海军总部分馆毕加索展厅*

名《友谊》。如果这是一幅以传统画法绘制的画作，人们可能会走过路过一看而过了。但是，当画家采用了以几何体来描绘人体的"出圈"画法时，它的这副另类模样却反

* 以下画作出自同一展厅的，不复注。

倒使观众有了驻足仔细品味一番的欲望。并且，人们在看画时脑海中还会浮现出这样一个问题：画家为什么要这样画人？

对喽，画家为什么要以这样的形式来表现人（体）？

中国宋代诗人苏轼曾有诗云："论画以形似，见与儿童邻。"意思是说，如果一幅画仅以画得像不像来论优劣，则这见识就和邻家小童没什么区别。那么，一幅画到底应该以什么论优劣？显然，应该以它所表现的精神内涵与思想价值来评判。凡·高、高更、塞尚、毕加索，无不是通过他们的作品给观众以思想上、认识上的启迪：看待世界需要有不同的思维方式，不同的角度，不同的表达方式……这种精神层面的指引才是艺术家真正想要带给观众的思想启迪与感悟，引发观众的共鸣与思考，是艺术家所追求的深层次的艺术境界。

毕加索曾说："绘画有其自身的价值，并非在于它对事实的如实描写。画家不能光画他们所看到的东西，而必须首先要画出他们对事物的认识。"

如毕加索所说，画家要画出他们对事物的认识。由此可知，其笔下的众多形象皆以几何体描绘的原因，或许正是画家眼中对世

农妇
毕加索，1908年

界万物的认识；又或者说，毕加索认为这样的表现形式才最符合万物真实的形态。仔细品味《农妇》中那农妇的形象，其松弛的体态、肥硕的肚腩、粗壮的手臂、坚实的大脚，甚至是下垂的乳房，都被画家用一个一个几何体准确地表现出来。试想，若以传统写实绘画法来描绘该农妇的形象，它与立体派的表现效果相比，哪种表现形式更生动、更形象？画家以其敏锐的洞察力、想象力将他所看到的事物的本质或趋势呈现给观众，这就是画家、艺术家高于常人之处。

非洲木雕艺术品
现藏中国国家博物馆

　　欣赏画家的画作，除了要了解他的绘画观以及绘画风格外，了解画家的生平履历也是必做功课之一——画家的绘画观及其绘画风格的形成多与他的人生经历有关。譬如，伦勃朗擅长画饰品，与其喜欢收集服装、饰品类的物品不无关系；而毕加索画作中人物的脸谱总是带有非洲木雕元素，也与他喜欢收藏非洲雕刻密切相关，冬宫博所藏《森林精灵》《坐着的女人》《拿着扇子的女人》中的人脸相貌，就是画家参照了非洲雕刻中的脸谱形象所绘。故而，我们今后在看画展时，一定要先看展览的"前言"及"作者简介"部分，然后再去看作品，切忌进入展厅后直奔画作的观展模式。阅读展览的"前言"与"作者简介"是解码一个画展、了解画家作品的最快捷、最精准的方式。如果你事先知道毕加索有收藏非洲雕塑的喜好，那么你对其画中那些像非洲木雕一样的脸谱，便不会有"为什么要画成这个样子"的疑惑了。

　　了解画家，才能看懂其作品，才有可能从画家的视角去感知、感悟其作品的精神内涵与深层意蕴，才能真正进入欣赏的境界。

森林精灵

毕加索，1908年

拿着扇子的女人

毕加索，1907—1908年

小提琴与吉他
毕加索，1912—1913年

乐器
毕加索，1912年

《小提琴与吉他》看上去似乎被看懂的难度系数要高于《农妇》一类的人形画作。实际上，当你了解了立体主义或画家个人的绘画风格后，再来看这些画作也并没有太大的难度。

立体派的绘画风格：以立体的视角观察对象物，并将其拆分成多个几何体，再把这些几何体以二维的形式重新组合，形成一个立体视角的二维画面。

欣赏立体派画作的难点在于它的"几何体的重组"。譬如《小提琴与吉他》中的小提琴与吉他，如果只是把它们拆分成多个几何体，然后再按原来的形状拼装起来，那么观众也还是大体能够看出小提琴和吉他的形象的，就像《阿维尼翁少女》中那位坐姿少女的脸，即使她的左脸被"翻"到画面上来与右脸并存，且使得整个人脸显得有点怪异，但观众还是能够看懂的。而实际情况却是，立体派在处理"几何体重组"的时候，多数情况下并不是按照原来的物体形象进行拼装，而是依据画家个人的意图去组合。于是，小提琴不再呈现出一个完整的形

喝苦艾酒的女人

毕加索，1901年

象，而是表现为一堆支离破碎且又零乱摆放的几何体形象，这时候你再想找出一把完整的、写实的小提琴形状则一定是徒劳了。

所以，欣赏立体派画作，不要刻意去找出（认出）物体原本的样子。能够从画作中受到启发、获取灵感、引发思考，才是欣赏立体派画作最正确的打开方式。

请记住，立体主义绘画不是生活层面的写实，而是精神层面的启迪。

毕加索是一位才华横溢的艺术大师，他不仅是画家，也是雕塑家、陶艺家、舞台服装设计师等，被誉为"20世纪最伟大的艺术天才之一"。在绘画方面，立体主义只是画家1907年以后的创作风格，之前，他曾创作过很多传统风格的作品，如《喝苦艾酒的女人》等。1901—1904年间，毕加索由于生活窘迫，囊中羞涩，因而在创作时多使用蓝灰色的阴郁色调作画，故这一时期也被称作毕加索的"蓝色时期"。之后，1905—1907年间，画家的生活趋于稳定，其画作的色调也随之起了变化，改以暖色调的粉红色作为主打色调，故这一时期也称之为毕加索的"玫瑰色时期"。通过画作的色调，观众大致可以知道该画作的创作年代以及画家当时的生活状态。

《喝苦艾酒的女人》是毕加索蓝色时期的作品。其中女人以夸张的、长长的手臂将自己包裹成一团，显露出其内心的紧张与抑郁；一双无精打采紧盯着苦艾酒酒瓶和酒杯的眼睛，暗示了其心中的苦闷与迷茫；画家刻意把这个场景设计在酒吧的一个角落里，旨在衬托这种孤寂的气氛。

马蒂斯的这些"儿童画"为何是名画？它好在哪里？

亨利·马蒂斯（Henri Matisse，1869—1954），法国画家；出身于粮商家庭；大学时主修法律，后在律所担任文书；在一次阑尾炎术后的康复期间，他迷上了绘画，这成为其一生的转折点；之后在美术学院、夜校以及画家工作室学习绘画，逐渐声名鹊起；1905年，画作参加巴黎秋季沙龙展，因用色大胆、画风别具一格而声名大振，成为野兽派的创始人及代表人物；晚年因眼疾转而从事剪纸艺术；1954年11月3日，病逝于法国。

冬宫博海军总部分馆马蒂斯展厅一隅

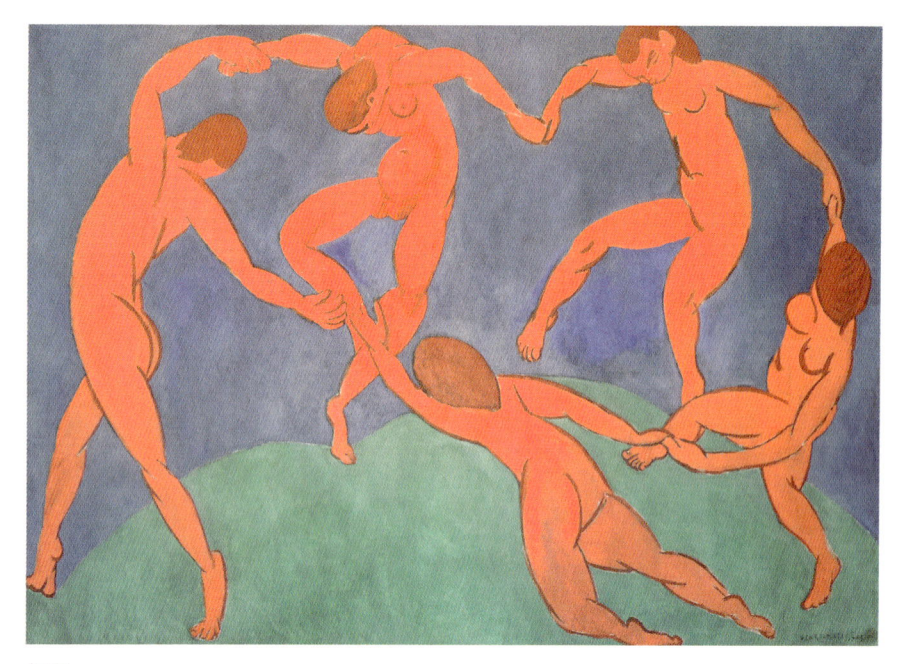

舞蹈

马蒂斯，布面油画，270 厘米 × 391 厘米，1910 年
现展陈于冬宫博海军总部分馆马蒂斯展厅*

乍看《舞蹈》这幅画，你是不是觉得其绘画水平跟你上小学的儿子差不多？甚至，你觉得还不如你儿子画得好？

问题是，就算这幅画是你儿子画的，它大概率也只能入选校级或区级的"六一少儿绘画展"。因为它创意平平，色彩简单，没什么技术含量。想借此留名青史，概率近乎为零。

但是，这幅画出自画家马蒂斯之手，情况就不一样了，它就成了世界名画，并且还是在世界艺术史上留下耀眼光芒的珍贵名画，这就很了不得了。凭什么呢？

先剧透一下：凭它色彩彪悍！线条肆意！画风狂野如猛兽不羁！它因此被送"野兽派"绰号，真是恰如其分。

＊以下画作出自同一展厅的，不复注。

野兽派的由来

1905年，巴黎秋季沙龙展照例吸引了众多艺术家前来参展。雕塑家阿尔伯特·马尔凯（Albert Marquet）创作的一件意大利风格的胸像与画家马蒂斯等人创作的绘画作品陈列在沙龙的第七展厅里。对此，批评家路易·弗克赛尔（Louis Vauxcelles）在他的一篇评论（发表在杂志上）中写道："这座纯朴的胸像突兀地出现在调子纯粹的狂舞之中，就像多纳泰罗*的作品处在了野兽之间。"意思是说一件中规中矩的作品被包围在一堆"重口味"格调的画作中，后来人们就用"野兽主义""野兽派"来形容以马蒂斯为代表的用色极为大胆、构图极为简练、线条极为洒脱、视觉冲击力极强的一类具有鲜明特色的绘画风格，如《对话》《舞蹈》《红色的房间》等。

严格说，野兽派并不能被称为一个画派，它更像是一种"流行音乐（艺术）"——在一段时间里，由一群志同道合画风相近的画家聚集在一起进行活动、推出画作。因此，说它是一种艺术潮流或许更为贴切。当然，称之为画派亦无不可。

作为绘画的一股潮流，野兽主义流行的时间并不长，大约只有10年的时间（1899—1908年）。马蒂斯是它的创始人及领军人物。

马蒂斯画作艺术特点

马蒂斯画作艺术特点：1. 色彩艳丽明快；2. 线条随意不拘；3. 装饰性强；4. 构图简练有趣。其最大特点：**用色随心所欲、任性狂放，追求强烈的主观表现力与艺术张力**。

以《红色的房间》为例。这幅画给人的第一印象就是色彩极为浓烈，在野兽派之前很少有画家会这样使用颜色——大红、灿蓝、明黄、翠绿同时用在一幅画上，且以此为主色。这显然不符合美术中的用色原则，也不符合美学上的审美品位，甚至它连普通百姓的审美趣味

---

* 多纳泰罗（Donatello），意大利文艺复兴时期雕塑家、画家。

红色的房间

马蒂斯，布面油画，180 厘米 × 220 厘米，1908 年

都没达到。民间一直有"红配蓝人人烦，红配绿赛狗屁"的说法，可见即便是普通人也觉得红配蓝、红配绿不好看，所以我们平日里也很少见到这种以红袄绿裤搭配衣着的人。

红配绿为什么不好看？

从色彩理论上说，红与绿是一对互补色（色彩可分为光学色彩与美术色彩两类，本文主要指美术色彩类。下同）。

互补色，在美术色彩理论中指色相环中呈180°关系的两种颜色。我们也可以简单理解为，将两种颜料以一定比例混合在一起产生灰（白）色者，即互为补色。

互补色是色谱中颜色差异最大的两种颜色，常见的有3对：红与绿、蓝与橙、紫与黄。互补色之间因为色彩差异最大、颜色对比最强，所以搭配在一起就会造成极强的视觉反差，产生强烈的视觉冲击力，使得色彩的对比达到最强效果，例如红与绿搭配，就

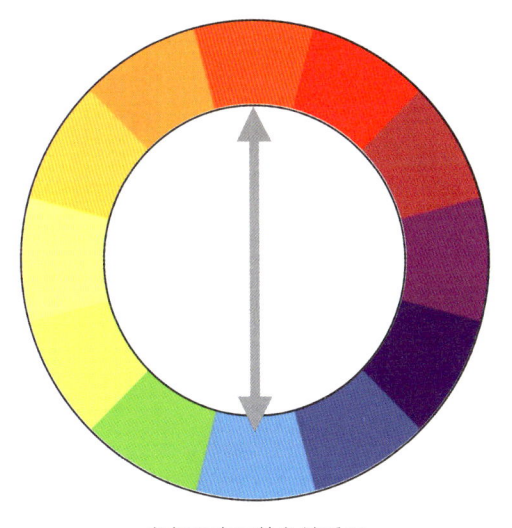

色相环中互补色关系图

所以，当画家们将这种大红大绿、灿黄灿蓝大面积、大色块挥洒于画布时，他们便喜提了"野兽派"之大名，可谓是实至名归。

红配蓝为什么"人人烦"？

在美术色彩理论中，红、黄、蓝为色彩三原色，是色彩中不能再进行分解的3种基本颜色，也称原色或基色。

由三原色可以调配出其他所有颜色，例如：红+蓝=紫，黄+蓝=绿，红+黄=橙……

会使得红越发显红，绿越发显绿，交通信号灯中的"红灯停、绿灯行"就是利用了这一色彩原理，将互为补色的两种颜色用在了绝对相反的两个概念中，以使驾驶员在视觉上产生出条件反射般的色彩意识，进而通过大脑发出指令。（或者说，因为互补色对视觉的刺激最强烈，所以在这种需要通过明确颜色进而发出绝对指令的情形中，就必须使用互补色。）

现在，你知道穿衣打扮为什么不能红配绿了吧。因为互补色搭配，对人的视觉有强烈的刺激性，长时间处于这种色彩氛围中，会使人产生一种焦虑不安的情绪，导致人们心生反感。

三原色

原色中因为没有掺入其他色彩，因而色彩纯度最高、饱和度也最高（最明亮），故又称"纯色"。

253

纯色给人以明亮、兴奋、欢快的感觉，对人的视觉有着最强的刺激作用。因此，一些商家便利用这一色彩原理来制作公司（品牌）的LOGO（标识），例如，麦当劳的"红底黄M"图标，交通指示牌中常见的红色或蓝色标示，都是利用了原色纯度高、对人的视觉有很强刺激作用的原理。

因此，当一个人（一幅画）以红配蓝作为色彩搭配时，便会引起他人（观众）的视觉兴奋感，但同时也会使人很快产生视觉疲劳感，故而造成"人人烦"的视觉反应。

不过，说实话，《红色的房间》并没有让人产生厌烦感，反而还有那么一些越看越好看、越看越耐看的感觉。怎么回事？

仔细品味《红色的房间》的色彩运用，你会发现画家并没有将红、蓝两色以等面积涂抹在画布上，而是将它们巧妙地进行了色彩分隔，将蓝色以纤细的花枝、花朵等装饰性形象分布在了大面积的红色底色中，避免了红与蓝大面积相撞的视觉冲击感。在美术色彩学中，**拉开纯色或互补色之间的面积比或亮度（明度、饱和度）比，反而会使画面产生一种出奇制胜、异彩绽放的另类美感**，所谓"万绿丛中一点红，动人春色不须多"就是这个道理。

显然，马蒂斯谙熟这一色彩原理并最先将它应用到了绘画中。而如此叛逆大胆的色彩风格一经面世，便如同一只猛兽闯进了传统绘画用色的温柔乡，令整个画坛猛然一惊、为之大震。

OK！现在我们回过头来说，为什么你家孩子画的类似图画入选区一级的绘画大赛都难，而马蒂斯"同样水平"的画作却能留名世界艺术史、影响世界画坛？以两个我们熟悉的例子做解释：假设今天有人遇到老虎袭击，之后徒手打死了老虎，他会成为名传后世的"武松第二"吗？会青史留名吗？再例如，刘巧儿自己找婆家的故事*，放到现今时代，它还会被广为传颂吗？

* 评剧《刘巧儿》中的经典戏词："巧儿我自幼儿许配赵家，我和柱儿不认识我怎能嫁他？我叫我的爹跟他把婚退，这一回我可要自己找婆家……"

因此，能够载入史册的，一定是那些**首先做到了别人没想到或者没做到的事的人**。马蒂斯、塞尚、毕加索等人无不是率先冲破了传统绘画观念的束缚，为绘画艺术开辟出新思路、新视界并引发巨大变革之人，他们对其后绘画艺术的发展产生了深远影响，因而成为名垂艺术史的巨匠。

❀ 冬宫博收藏的马蒂斯画作

冬宫博是世界上收藏马蒂斯画作最多的博物馆，这得益于莫斯科的两位工业巨头伊万·莫洛佐夫（Ivan Morozov）与谢尔盖·希楚金（S.I.Shchukin）的大手笔购买，《对话》《舞蹈》《音乐》等画作就来自他们的收藏。其中《对话》曾被摆放在希楚金位于莫斯科的豪华宫殿大客厅中，《舞蹈》和《音乐》则被装饰于宫殿楼梯的墙壁上，马蒂斯还曾专门来到莫斯科为这两幅画安置嵌板。

莉迪娅·尼古拉耶芙娜·德列克托尔斯卡娅肖像画
马蒂斯，布面油画，64.3厘米 X 49.7厘米，1947年

莉迪娅是一位俄裔女性，在中国长大；19岁去往巴黎；1932年开始为马蒂斯工作，在马蒂斯最后的几十年里两人一直在一起，她不仅是马蒂斯的模特，也是支持者、朋友、秘书、管家等。冬宫博拥有大量的马蒂斯作品，其中一部分源于莉迪娅的馈赠。1985年，莉迪娅被冬宫博馆长授予无限制进入博物馆的通行证。

对话

马蒂斯,布面油画,177厘米 × 217厘米,1909—1912年

此画是马蒂斯60余年绘画生涯中,其本人最喜爱的一幅画。

音乐

马蒂斯，布面油画，260厘米 × 389厘米，1910年

全家画像

马蒂斯，布面油画，143厘米 × 194厘米，1911年

冬宫博馆藏名家名画，串联出一部欧洲绘画史

冬宫博收藏有欧洲绘画史上几乎所有知名画派及其最伟大画家的作品，参观冬宫博就如同品读了一部欧洲绘画史，本篇我们将一起欣赏其中部分画派（风格）的名家名作。

佛兰德斯艺术展厅

❋ 文艺复兴时期名家名作

文艺复兴： 指发生在14—16世纪的欧洲思想文化运动。

"文艺复兴"一词源于意大利语"rinascita"，意为"再生"或"复兴"。16世纪，意大利艺术史家瓦萨里(Vasari)正式用"再生"一词来概括这一时期文化活动的特点：复兴被湮没的古代希腊、罗马文化遗产，"文艺复兴"由此而来。后此词经法语转写为"renaissance"，17世纪后为欧洲各国通用。

❖ 文艺复兴产生的历史背景（简说）

公元前146年，罗马人征服了希腊。但是之后，罗马人又反被希腊文化征服。罗马人继承和吸收了古希腊文化并将其融入自己的文化中，创造了罗马文明。（在世界各地的博物馆中，经常能看到"古罗马仿古希腊雕塑"一类的铭牌注释，就是古罗马人继承和吸收古希腊文化的实例。）

过了500余年，公元4世纪前后，基督教成为罗马帝国的国教。于是，原有的希腊、罗马诸神被视为异端，一大批希腊、

圣母与圣子
柏林基埃罗（Berlinghiero），
木板蛋彩画、金底，1230年
现藏美国大都会博物馆

罗马艺术品因此被定为异教物品而惨遭灭顶之灾。这些作品有的被打碎扔到了海里、有的被埋入了土中……**而这些古希腊、古罗马所创造的古典艺术，曾是人类在美术史上所达到的第一座高峰**，卢浮宫的镇馆之宝《维纳斯》(公元前2世纪)、《胜利女神》(公元前190年)雕像等皆为其中之典

范。之后，在近千年的时间里，人体雕像等世俗题材的艺术表现形式被严格禁止，艺术创作只能围绕《圣经》这个唯一主题展开。并且，画家在绘制圣像画时，必须全神贯注于表现神的崇高感与神圣感，而不能倾情于展现自己的绘画技艺。因此，这一时期的圣像画看上去都比较呆板、生硬、僵化，如同这幅13世纪木板蛋彩画《圣母与圣子》所示。画中，圣母与圣子的形象与真实的人之间有着很大的不同，看上去不那么自然，但这并非画家技艺所致，而是中世纪圣像画的绘画原则使然——画家需要传达出准确的神学信息、表现出圣母子的神性，而非画家按照自己的艺术原则去创作。画中圣子身穿一件类似古代哲学家式样的衣袍，手握一卷经卷，这些都传递着神学层面的信息。

中世纪的1000年中，人们一直生活在这种宗教高于一切、人必须绝对服从教会的社会环境中，人们因此而感到精神压抑，内心苦闷，个性自由受到极大束缚。人们看不到未来的希望，进而对生活产生了悲观情绪。故这一时期也被称作"黑暗的中世纪"。

小知识

中世纪：本义为"中间的世纪"。公元15—16世纪，意大利人文主义者用于对从西罗马帝国灭亡（476年），至他们自己所处的时期（古典文化复兴时期）的称谓。由14世纪文艺复兴时期意大利人文主义者彼特拉克（Petrarca）首创此词。不过，现代西方史学界对欧洲中世纪时限的说法并不统一。较为流行的说法是指：公元476年西罗马帝国灭亡至15世纪末新航路开辟这段时间。

有压迫，就有反抗。14世纪，随着社会经济的发展以及生活水平的提高，人们追求自由、平等、个性解放的愿望愈发强烈。一些人起来反对神权思想、经院哲学以及禁欲主义等，他们高举起以人为本的人文主义大旗，主张以人作为衡量一切事物的标准，肯定人的创造性，强调人的伟大，由此吹响了反抗神权统治的号角。

而在砸碎了旧文化枷锁后，社会迫切需要一种新的文化代入，人们便将目光投向了史上最经典的古希腊、古罗马文化，一场复兴古代希腊、罗马文化的"新文化运动"随之启幕。

文艺复兴始于意大利，并以此为中心，后扩大到德、法、英、西以及尼德兰等欧洲其他国家和地区。

文艺复兴时期艺术家的杰出代表有： 意大利的乔托（Giotto）、多纳泰罗、达·芬奇、拉斐尔、米开朗琪罗、提香等以及尼德兰的凡·戴克（Van Dyck）、德国的丢勒（Dürer）等人。

文艺复兴的核心思想是以人为本，认为人的思想、自由、幸福、价值高于一切。

拉斐尔

拉斐尔（1483—1520），意大利画家，世界著名绘画大师，文艺复兴后三杰之一（文艺复兴前三杰：但丁、彼特拉克、薄伽丘）；少年时期，在其父画室中耳濡目染受到绘画的熏陶；17—18岁时，绘画作品已显露其非凡才能；20岁后，因《草地上的圣母》（1506年）、《金翅雀圣母》（1507年）、《卡尼吉亚尼圣家族》（1507—1508年）等作品，成为古典主义文艺复兴的重要人物；1508—1520年，应教皇尤里乌斯二世之召来到罗马，自此开启辉煌的艺术人生，绘制出如《雅典学院》（1510—1511年）、《西斯廷圣母》（1513—1514年）、梵蒂冈敞廊壁画（1517—1519年）等大量享誉世界的伟大作品，这些作品成为文艺复兴时期绘画艺术的巅峰之作；1520年，因误诊病逝，享年37岁。

将拉斐尔的《圣母与圣子》与中世纪柏林基埃罗的《圣母与圣子》两幅画进行比较，不难看出，文艺复兴时期的绘画作品在描绘神的形象上有了很大改变，画家从原来追求神性变为追求真实性，他们让神走下神坛变成了真实的人。拉斐尔的《圣母与圣子》中，圣母形象温婉柔美，圣婴圆润可爱，都展现了真实的人的形象，这是中世纪绘画艺术所不敢表现的。而再看柏林基埃罗的《圣母与圣子》，圣子被画成了一个缩小版的成人形象，其目的就在于突出圣子的神性，因为基督是永恒不变的，无论是孩童还是成人。画家不在意基督的形象是否符合常理，而只在意于画面中传达出的神学信息，这也是中世纪绘画的特点之一。

圣母与圣子
拉斐尔，布面蛋彩画（转移自板面油画），17.5厘米 × 18厘米，1503年
现展陈于冬宫博意大利艺术达·芬奇展厅

图中，圣母一手托着圣子、一手托着一本书，双目低垂，呈沉思状，画家借此暗示了圣母对圣子未来命运的担忧。画面的背景是一幅美丽的田园风景画，其中有葱绿的小山、平静的湖泊、挺拔的树木等，呈现出一幅美丽恬静的景象，喻意圣母的纯洁与美丽就像她周围的世界一样。

这幅画原本是画在木板上的，1871年，当这幅木板蛋彩画从意大利运到冬宫时，博物馆的工作人员发现画作下面的木板情况很糟糕，于是又把它转移到了画布上。

《圣家族》作品可能是拉斐尔为乌尔比诺（意大利城市，文艺复兴时期名城之一）的一位公爵所画。画面整体充满了一种低沉的气氛，暗示了基督未来的命运。其中圣母的形象具有典型的拉斐尔式女性之美的特点：温和、柔美、安宁、优雅。拉斐尔说，圣母的样子是他根据自己在现实生活中所看到的许多美丽女人的面容集合而成。同时，画家并没有像同时期的画家那样把圣约瑟描绘成一个长有胡子的老头形象，而是如画中所示，这使整幅画作看上去更加温馨和谐。因此，这幅画有时也被称作《圣母子与没有胡子的约瑟夫》。

圣家族

拉斐尔，布面油画，72.5厘米 × 57厘米，1506年
现展陈于冬宫博意大利艺术展厅（No.229）

《朱迪斯》

乔尔乔内，布面蛋彩画（转自板面油画），144厘米×68厘米，1500年，现展陈于冬宫博意大利艺术展厅（No.217）

朱迪斯（Judith），《圣经》中的女英雄。当时，亚述统帅荷罗孚尼率兵包围了朱迪斯（犹太人）所居住的城市。为了拯救被围困的城市，朱迪斯带着女仆伴装投降来到亚述军营。一天夜里，朱迪斯将荷罗孚尼灌醉后割下了他的头颅。次日，亚述军人看到统帅被杀便纷纷逃散。朱迪斯以一己之力使一座城市免遭洗劫，成为犹太人的女英雄。西方绘画作品中有不少以此为题材的画作，乔尔乔内（Giorginoe）的《朱迪斯》是其中之一。

《朱迪斯》展现了乔尔乔内非凡的构图能力以及卓越的色彩处理技巧。画面中，朱迪斯体态优雅、身形健美，展现了女英雄的形象特征。她右手握剑，头微低，眼睛注视着踩在脚下的敌军统帅的头颅，她的神情于蔑视中带着胜利者的骄傲。她看上去平静、淡然，全然看不出她刚刚亲手割下了敌人的头颅。她的冷静、从容反衬出她的女英雄气魄，这也正是画家构图的高明之处。另外，画家以温暖的粉红色人物形象搭配冷色调的绿色、蓝色等周边环境之色，意在和谐的色彩氛围中突出强烈的对比效果，将朱迪斯的

细节一

细节二

粉红色衣袍所映衬的美丽容颜及身形,与荷罗孚尼阴冷、晦暗、凶狠的面貌形成鲜明对比,从色彩的角度进一步强化了朱迪斯古典女英雄的完满形象。

需要特别说明的是,乔尔乔内的绘画作品非常少,能够确认是其真迹的大约只有10件,而冬宫博就收藏有其中的2件(另一件名为《风景中的圣母与圣子》),可谓是弥足珍贵,成为冬宫博最珍贵的藏品之一。

画家简介: 乔尔乔内(1478—1510),意大利画家,文艺复兴时期最重要的艺术家之一;他既是一位画家,也是一位音乐家;其绘画生涯非常短暂,仅留下为数不多的作品,且由于画家本人很少在作品上签名,导致很多作品无法确认是否为其所作;早期画风有达·芬奇技法的朦胧影迹;1510年,乔尔乔内死于瘟疫(黑死病),年仅32岁。

《忏悔的抹大拉的玛利亚》

提香,布面油画(119厘米×97厘米),156
现展陈于冬宫博意大利艺术提香厅(No.2

抹大拉的玛利亚(Mary Magdalene),《圣经》中的人物。抹大拉,地名;玛利亚,女子名;由于《圣经》中名为"玛利亚"的女子不止一位,故在她们的名字前冠以地名以示区别,如"抹大拉的玛利亚"(下称"玛利亚")。

提香的《忏悔的抹大拉的玛利亚》取材于《圣经》,提香将玛利亚满含热泪、痛苦忏悔的表情刻画得淋漓尽致,尤其是她眼中盈满的泪水和脸上流淌的泪滴更是描绘得逼真入微,令人惊叹不已。此画中,玛利亚柔软飘逸的金发、热泪盈眶的表情、充满诱惑的肌体以及棉麻质感的披肩的描绘,是画家最见功力之处。

此画作在提香去世之前一直存放在他的府邸中。

达娜厄，希腊神话中阿尔戈斯国的公主。

作为文艺复兴时期最负盛名的画家之一，提香不止一次画过达娜厄，一方面原因是当时非常流行绘画神话故事与《圣经》题材，另一方面原因是画家认为绘画女性的裸体是表现丰富的色彩关系的最理想的素材，也最能展现艺术家的绘画功力。所以，为什么画家都喜欢画裸体画，原因就在于此。

《达娜厄》中，提香将达娜厄与女仆的形象处理成一明一暗的色彩关系，喻意达娜厄的纯洁与女仆的贪婪。女仆这时正张开围裙贪婪地接收着宙斯撒下的金雨（此处表现为象征财富的金饼）。女仆抬头向上的贪婪表情与达娜厄倚卧仰视的祈盼神情形成强烈对比，一个对金钱充满了贪欲，一个在渴望救世主的降临，她们因此而看向了不同的方向。

达娜厄

提香，布面油画，120厘米 × 187厘米，1546—1553 年提香多次以"达娜厄"为题材进行创作,用丰富的色彩表达出他对女性之美的赞美。

冬宫博收藏有提香作品8幅,其中最早期的作品有《逃亡埃及》、晚期的作品有《圣塞巴斯蒂安》等。

画家简介: 提香(1488—1576),意大利画家,威尼斯画派代表人物;**文艺复兴时期艺术巨匠之一**。他的父亲是一位公证人,育有5名子女,提香行二;9岁习画;曾与乔尔乔内在同一画室学习,之后与乔尔乔内成为合作伙伴,并向乔尔乔内借鉴了暗示出形状的技巧;绘画才能得到君主赏识,1533年皇帝查理五世赐予其宫廷伯爵和金镫骑士头衔;之后,又多次得到查理五世的赞赏;和谐的风景与纯净的人物是其作品最富有特色与精彩之处;他在色彩方面的造诣与绝技无人能及,被誉为"群星中的太阳",其对色彩的运用不仅影响了文艺复兴时代的意大利画家,更对后世的绘画艺术产生了深远影响;1576年8月27日,在家中去世(患鼠疫),享年88岁。

《维纳斯与丘比特》

老卢卡斯·克拉纳赫，布面油画（转移自板面油画），
213厘米×102厘米，1509年
现展陈于冬宫博德国15—20世纪艺术展厅（No.264）

《维纳斯与丘比特》是老卢卡斯·克拉纳赫（Lucas Cranach the Elder）关于这一神话主题的众多作品中最早的一幅，也是冬宫博首次收藏的一幅北欧裸体画。克拉纳赫笔下的女性，无论是神话人物还是《圣经》中的人物，还是其同时代的女性，都有着一张独特的鹅蛋形脸，她们眼睛细长，头发呈金黄色，皮肤光滑纯净，并且面部表情总是显得有些神秘莫测、深邃幽远，这或许是德国画家眼中的女性之美。

维纳斯是希腊神话中的美神与爱神，丘比特是她和战神的儿子。丘比特身上带有两种箭：金箭和铅箭。被丘比特金箭射中的人会陷入甜蜜的爱情中，而被铅箭射中的人则会深陷爱情的痛苦中。《维纳斯与丘比特》中，丘比特从维纳斯的身后闪出，寓意了爱情的不确定性：维纳斯虽然美丽动人，爱情也很令人向往，但丘比特射出的箭并不一定都是玫瑰，也有可能是刺猬。因此，画家特别在画面的顶端以拉丁文写下了这样一行字：你最好能尽全力拒绝丘比特的诱惑，否则维纳斯可能会让你神志不清。

画家简介： 老卢卡斯·克拉纳赫（1472—1553），德国画家，因其子也是画家，故人称"老卢卡斯·克拉纳赫"，**文艺复兴时期德国最重要的艺术家之一；**擅长绘画肖像画及女性题材画，曾为选帝侯、王室成员以及大主教等权贵绘制肖像画，也曾多次为马丁·路德[*]绘制肖像画；以图画的形式记录了德国的宗教改革；代表作有《维纳斯与丘比特》《一个女人的肖像》等；1553年在家中病逝，享年81岁。

---

[*] 欧洲宗教改革运动发起人，德国宗教改革家。

《施洗约翰的诞生》

丁托列托，布面油画，181厘米×266厘米，1550年
现展陈于冬宫博意大利艺术小展厅（No.237）

施洗约翰，基督教《圣经》人物，祭司撒迦利亚与以利沙伯之子。母亲以利沙伯与玛利亚（圣母）是亲戚（表姐妹）。施洗约翰因宣讲悔改的洗礼，并在约旦河为众人施洗，也为耶稣施洗，故得此名。

《施洗约翰的诞生》展现的是约翰诞生时的场景。从画面中可以看到年老的以利沙伯虚弱地躺在床上；撒迦利亚站在屋子的一侧，像是在祈祷；画面的正中是怀抱小约翰的玛利亚（玛利亚的头上有金色光环，可知是圣母玛利亚）和奶母；房间的地上摆放着两个铜盆，一个铜盆是空的，喻指约翰未来的施洗者身份；另一个铜盆里有一些骨头和烧焦的灰烬，意喻约翰后来被杀害。

丁托列托（Tintoretto）在这幅画中借鉴了提香的用色技法和米开朗琪罗的多人构图艺术，他将画面分成3个主题场景：以圣母、约翰与奶母为中心的主场，和以以

271

利沙伯为核心的远景，以及包括了撒迦利亚等人的次中心场景。其色彩富丽明亮，颇有提香用色之神韵。画家的多人构图技巧使画面充满了动感与活力，令人有身临其境之感，足见画家对于米开朗琪罗的多人构图技法熟稔于心。

画家简介： 雅克博·罗布斯蒂（1518—1594），人称丁托列托，意大利画家，威尼斯派画家代表人物之一；他的名字"丁托列托"源于他父亲的职业：丝绸布料染工，染匠（"tintore"在意大利语中是"染色工"之意），因为他是长子，所以人们便称他为"小染匠（Tintoretto）"，久而久之，"小染匠"便成了他的名字，其真名反而被遗忘了。丁托列托早期曾跟随提香学习绘画，但不久便离开了，据说是因为大师与这个优异的学生之间产生了竞争；之后，画家对米开朗琪罗崇拜备至，深受其艺术影响。代表作《最后的晚餐》被认为是最忠实于原作《圣经》的"尊经版"版本。1594年，病逝于威尼斯，享年76岁。

《珀耳修斯和安德洛墨达》

鲁本斯，布面油画（转移自板面油画），99.5厘米×139厘米，1622年
现展陈于冬宫博佛兰德斯艺术鲁本斯展厅

红色披风是英雄主义的象征，寓意了珀耳修斯战胜海怪的英雄壮举。画面上方，一位天使正在为珀耳修斯戴上胜利的桂冠。

画面中的孩童象征了珀耳修斯和安德洛墨达的爱情、婚姻和他们的孩子们。

珀耳修斯是宙斯和达娜厄的儿子（前文，伦勃朗、提香画作《达娜厄》中，达娜厄金雨受孕所怀的就是珀耳修斯）。

安德洛墨达，埃塞俄比亚国王刻甫斯之女（公主）。

话说，珀耳修斯长大后，决定外出闯荡去经历生活的磨炼，从而做出一番大事业。之后，他便按照自己的计划上路了。

这一天，珀耳修斯正在埃塞俄比亚海岸边飞行时，看见一位美丽的少女被铁链绑在了海边的礁石上。少女的美貌打动了珀耳修斯。他连忙上前问道：hi，你是谁呀？为什么会被绑在这里？原来，这位少女是埃塞俄比亚国王的女儿，名叫安德洛墨达，因为她的母亲、国王的妻子吹嘘说"我的女儿比海神的女儿、海洋女仙更漂亮"而得罪了海洋女仙，她们请海神发大水淹没刻甫斯的整个国家，并毁掉一切。然而，一则神谕却告诉这里的百姓：如果把国王的女儿献祭给海怪，就可以免除全国百姓的劫难。国王无奈之下只好把安德洛墨达绑在了礁石边，等候海怪来食。

这边珀耳修斯正和安德洛墨达说着话，那边海怪说话间就已从远处呼啸着向岸边的礁石扑来。说时迟那时快，珀耳修斯用利剑刺死了海怪，救下了安德洛墨达。后来珀耳修斯娶安德洛墨达为妻。

《珀耳修斯和安德洛墨达》所表现的正是珀耳修斯救下安德洛墨达的场景。观众从这件作品中可以真切地感受鲁本斯画作中那流光溢彩的人体绘画艺术魅力：他（她）们在金黄色的光线抚摸下显得生动、妩媚，充满了生命的力量。

《珀耳修斯和安德洛墨达》是鲁本斯1622年前后创作的作品，它历经400年岁月洗礼，至今依然保持着色彩的光鲜明艳，让人惊叹鲁本斯用色之精妙与独到，不愧是一代大师。

鲁本斯绘画特点：鲁本斯是巴洛克风格的代表人物，因而在他的画作中能够看到最明显的巴洛克特点——强烈的动势与鲜明的色彩。在构图上，人物造型多以曲线构成，呈现出一种生机勃勃、神采飞扬、情感奔放的动感效果。在用色上，色彩极为热烈、明艳，并辅以光线的明暗变化，使一个个鲜活的人物形象跃然纸（画布）上。强烈的色彩效果与明暗的光线对比，构成了鲁本斯式的绘画语言——激情，奔放，明朗，"肉欲横流"（对人体的描绘太过生动和逼真），活力四射，动感十足。而关于鲁本斯的绘画风格，实际上还是坊间总结得最为贴切、最生动形象：鲁大爷肉铺。嘿嘿！

冬宫博收藏有鲁本斯画作约40幅，题材涉及宗教、神话故事、肖像画、壁画等众

酒神
鲁本斯，布面油画（转移自板面油画），
191厘米×161.3厘米，1638—1640年
现展陈于冬宫博佛兰德斯艺术鲁本斯展厅（No.247）

多领域，展现了画家多方面的艺术才华。当时佛兰德斯的画家们都不同程度地受到了鲁本斯的影响。

画家简介： 彼得·保罗·鲁本斯（Peter Paul Rubens，1577—1640），佛兰德斯画家，**美术史上最重要的巴洛克风格绘画大师，巴洛克风格领袖级人物**。鲁本斯的父亲是一位法学家，曾任安特卫普（Antwerp）城的助理地方长官，鲁本斯是他的第6个孩子。鲁本斯13岁开始学习绘画，21岁便成为安特卫普同业行会的注册画师；1600年5月，前往意大利游学，被提香作品深深吸引，此后一生都对提香崇敬有加；之后，在意大利得到一份为画廊绘制肖像画的工作，很快便小有名气，并因此获得众多重要订单；1609年，因母亲身体欠佳而回到安特卫普，被任命为宫廷画师；之后，名气日盛，订单也随之蜂拥而至；再后来，成为安特卫普No.1级的绘画大师，订单更是多到应接不暇。

在鲁本斯的履历中，有着一段与其他诸位艺术大师不同的人生经历：曾被委任为驻英国和西班牙的外交官（据说是大使职务）。有意思的是，当他在伦敦和马德里工作时，人们听说大画家鲁本斯来了，都争先恐后地请他作画，而鲁大使本人也没觉得出公差干私活有什么不妥之处，不仅私活干得热火朝天、酣畅淋漓，而且还因此获得了西班牙国王菲利浦四世和英国国王查理一世的爵位封赏（这干私活的动静是不是有点忒大了）。曾有英国人问鲁本斯：尊敬的大使阁下，您在做大使之余，业余时间是不是以画画自娱？鲁大使一本正经地回答道：No！画画才是我的主业，业余时间我玩票当大使。

❀《自画像》

凡·戴克，布面油画，116.5×93.5厘米，1620年末至1630年初
现展陈于冬宫博佛兰德斯艺术凡·戴克展厅（No.249）

冬宫博约藏有凡·戴克的绘画作品20幅，并在佛兰德斯艺术展区设有专门的凡·戴克展厅，其中的《自画像》因绘画技艺精湛尤为引人瞩目。

凡·戴克绘画特色： 人物面部神情生动逼真，画面色彩层次丰富，笔触柔软，充满了典雅的贵族气质。这些绘画特点从冬宫博所藏《自画像》与《老人头像》等作品中均可真实地看到、感受到。其对人物脸部神态的刻画以及衣装与整体形象的描绘，展现了画家敏锐的心理洞察能力、卓越的用色能力以及非凡的绘画技艺，成为肖像画坛的一枝独秀。

老人头像

凡·戴克，布面油画

画家简介：安东尼斯·凡·戴克（Anthonis van Dyck，1599—1641），佛兰德斯画派画家，以绘制肖像画闻名；出生于安特卫普的一个富裕家庭；10岁时进入名家画室学习绘画；19岁时即以自己的名字开始接受订画，并享有"肖像画家"之赞誉，且在这一时期成为大画家鲁本斯的助手；主要绘画经历分为4个阶段：安特卫普时期，意大利时期（1621—1627），第二次安特卫普时期（1627—1632），英国时期（1632—1641）；在意大利期间，提香、丁托列托等画家对于色彩的处理技法使他深受启发，进而大大丰富了其绘画中的色彩层次；1632年，受英国国王查理一世（Charles I）邀请前往英国，并被国王任命为宫廷肖像画家，其间创作了大量肖像画，深受英国上流社会的喜爱，享有极高声誉。

《带有波吕斐摩斯的风景》

普桑，布面油画，150厘米×199厘米，1649年
现展陈于冬宫博法国15—18世纪艺术展厅（No.279）

在山顶吹笛子的波吕斐摩斯。

依偎在河神身边的山林水泽的仙女们。

森林之神在偷窥山林水泽的仙女们。

17 世纪 40 年代后，普桑（Poussin）把精力放在了风景画的创作上。尽管其之前的画作中也有对于风景的描绘，但它们都只是作为主题的背景出现。《带有波吕斐摩斯的风景》是普桑后期创作的风景画中最成熟、最完美的作品之一。它描绘了以失恋的独眼巨人波吕斐摩斯（Polyphemus，神话人物）为主角、以自然风光为背景的一幅田园风景画。画面中波吕斐摩斯在小山顶上忧伤地吹着长笛，以此倾诉他对海洋女神伽拉忒亚（Galatea）的相思之情，而此时整座山谷都沉浸在他的魔笛声中——河神、森林之神、山林水泽的仙女们都在静静地聆听他美妙的笛声。画面同时还展示了大自然的美丽景象：农夫们在耕地，山林水泽的仙女们正依偎在河神的身边，而两个森林之神正躲在灌木丛后偷窥山林水泽的仙女们……画家将自然、生活以及暗藏的危险融汇于同一场景中，隐喻在诗意浪漫的田园风情中，也暗藏着危机四伏，这正是普桑作品所特有的理性气息与哲学意境。

普桑绘画风格：普桑生活的时代是巴洛克艺术兴盛于欧洲的时代，但是普桑没有追逐这股浮华夸张风格的绘画潮流，反而是选择了具有古典主义理性气质的画风作为自己的绘画方向。其绘画特点：构图宏伟，结构严谨，注重理性，色彩丰富，人物形象庄重典雅且具有大理石雕塑般的美感。**最重要的一点，普桑的作品常带有哲学意境，隐含对于生死、命运、人生等问题的思考**。代表作《阿卡迪亚的牧人》《掠夺萨宾妇女》《带有波吕斐摩斯的风景》等。绘画题材多围绕《圣经》、神话和历史故事等进行创作。

画家简介：尼古拉斯·普桑（Nicolas Poussin，1594—1665），法国杰出的艺术家、画家、思想家，17 世纪法国古典主义绘画的奠基人。出生于法国诺曼底的莱桑德利（Les Andelys），父亲是皇家陆军的退役军官，普桑是其独子；少年时期即表现出对绘画的浓厚兴趣；1612 年，18 岁时，怀揣梦想来到巴黎，先是在当地画家的工作室工作，后成为独立画家，并开始接受订画；1622 年，收到来自巴黎耶稣会和巴黎大主教的订单，绘画才华崭露；之后前往罗马，1627 年，得到为圣彼得大教堂绘制祭坛画上方画的订单，以及为一些教堂做装饰工作的订单；声名鹊起后，收到法国国王路易十三（Louis XIII）和大主教黎塞留（Richelieu）的邀请，并于 1640 年底启程前往法国；之后，由于工作过于繁重，不仅要

维纳斯、弗恩与普蒂

普桑,布面油画,72厘米×56厘米,1630年初

不再回到巴黎,且终生未再回到法国;重回意大利(罗马)后的10年中,完成了诸多重要作品,如组画《七圣事》等,成为欧洲画坛最有影响力的大家之一;1665年,病逝于罗马,享年71岁。

普桑虽然只在巴黎短居了两年,但是他的作品却对法国艺术产生了深远影响,他首次使法国美术享誉世界。在普桑之前,自文艺复兴以来,罗马一直是欧洲文化艺术的中心,一大批声名远播的艺术家都源于意大利本土,如达·芬奇、拉斐尔、米开朗琪罗、乔尔乔内、提香等等,而普桑的艺术成就让欧洲人第一次认可了法国艺术。并且,在普桑之后法国相继出现了一些世界级的绘画大师,如安格尔、德加、塞尚等,普桑因此而享有"法兰西绘画之父"的美誉。

为教堂、耶稣会绘制大幅的祭坛画,还要为宫廷、大主教绘制装饰画,另外还受到了来自巴黎的宫廷画家的排挤,故而决定离开巴黎,并于1642年底返回意大利;之后,由于法王和大主教先后去世,便正好借此理由

《小孩儿与狗》

牟利罗，布面油画，74厘米×60厘米，1650年
现展陈于冬宫博西班牙艺术展厅（No.239）

冬宫博藏有17幅牟利罗（Murillo）不同时期创作的作品，在世界著名博物馆馆藏牟利罗作品中名列前茅（一说为藏量第2名）。《小孩儿与狗》是牟利罗早期代表作之一。这一时期，牟利罗创作了很多以少儿、乞讨者、吉卜赛人为主要角色的作品，其以精湛的笔触、协调的色彩和完美的光线，将画中人物的面部表情、心理状态以及肢体语言刻画得惟妙惟肖，生动逼真，呈现出诱人的魅力，表现出17世纪西班牙绘画作品中罕见的活力。

《小孩儿与狗》描绘了一个少年手提一个小篮筐正回头看向身边小狗的一幕。画面中,小狗仰着头好像在对少年说:"我说,能不能给点儿吃的?"少年略带腼腆、无奈、尴尬与怜爱的表情回头说道:"狗狗你看,我这筐里也就只有一把空壶呢。"画家以一种自然的构图方式将这一瞬间定格下来,并以其天才的绘画技巧展现出这生动有趣的一幕,其中对于少年表情的刻画尤为令人印象深刻。(牟利罗在创作底层人物这一类题材的作品时,总是在更深的层面着意于表达出他们乐观的精神面貌。)

　　牟利罗绘画特点: 构图清晰准确,善于处理多人物、大场景的画面;色彩丰富且协调;光线极为精致巧妙;画面总是充满了唯美宁静与真切的生活气息。代表作《小乞丐》《无玷始胎》等。

　　画家简介: 巴托洛梅·埃斯特万·牟利罗(Bartolomé Esteban Murillo,1617—1682),**18世纪最受欢迎的西班牙画家**,风俗画与宗教题材绘画大师级代表人物,其作品曾是最受收藏家青睐的西班牙绘画艺术,被赞誉为"巴洛克风格真正的杰作";出生于西班牙塞维利亚,少年时父母先后去世,后在亲戚等画家的画室中学习绘画;1645年,首次接到订单:为塞维利亚某修道院回廊创作组画,之后,曾以《圣经》为题材多次创作成组的装饰画,这些组画成为其绘画艺术的杰作与代表作;高产画家,创作了大量以宗教为主题的作品,如《神圣家族》《圣母与圣子》等,这些作品使其从17世纪起就声名远播,并成为18—19世纪最受人们赞誉与敬佩的艺术家之一;1682年,病逝于塞维利亚,享年65岁。

《蓝装贵妇》

托马斯·庚斯博罗，布面油画，76厘米×64厘米，1780年
现展陈于冬宫博英国艺术展厅（No.298）

托马斯·庚斯博罗（Thomas Gainsborough）一生绘画了很多肖像画作品，包括王室肖像画、社会显贵肖像画以及名流夫人肖像画等，冬宫博所藏《蓝装贵妇》是其肖像画作品中的杰出代表。《蓝装贵妇》中，画家以精致细腻的笔触、柔和唯美的光线、微妙独特的配色，于银、灰以及淡蓝色中表现出贵妇雍容华贵的气质，使画中人看上去显得格外优雅与自信，展现了画家对于色彩的精准运用能力及精湛的绘画技艺。

18世纪时，英国艺术家的画作并未得到欧洲收藏家的青睐，其市场反应平平。然而，俄罗斯却别有见地地成为欧洲唯一对英国艺术产生浓厚兴趣的国家。他们邀请了英国杰出的建筑师参与了俄罗斯首都及周边地区宫殿等建筑群的建造，叶卡捷琳娜女皇还大手笔地购入英国的银器、陶瓷、宝石以及家具等品类的艺术品，这些艺术品构成了后来冬宫博英国艺术类的基础藏品。

画家简介：托马斯·庚斯博罗（1727—1788），18世纪英国著名肖像画家、风景画家。出生于商人家庭，自幼便显示出绘画才能，13岁时即跟随伦敦的专业绘画教授学习绘画，28岁时开始接受订画，早期作品可分为两大类：风景画和肖像画，其中风景画作品体现了荷兰画家对其风格的影响；1759年，32岁时，开始创作真人大小的全身肖像画，并以此作为主要收入，其肖像画风格受到了法国洛可可风格的影响；1781年，54岁时，成为英国王室御用画家；晚年时，尝试一种新画类"想象画"，即将肖像画人物置于乡村背景中，这些富有诗情画意的想象画是其晚年最著名的绘画作品；1788年，在伦敦去世，享年61岁。

镇馆之宝：达·芬奇名作《圣母与花》

莱昂纳多·达·芬奇（Leonardo da Vinci，1452—1519），意大利天才画家，文艺复兴的标志，文艺复兴后三杰之一。代表作：《圣母与花》，冬宫博镇馆之宝；《蒙娜丽莎》，法国卢浮宫镇馆之宝；《天使报喜》，意大利乌菲齐美术馆镇馆之宝；《吉内夫拉·本奇的肖像画》，美国华盛顿国家美术馆镇馆之宝；等等。

《圣母与花》是冬宫博的镇馆之宝，是达·芬奇最珍贵的作品之一，创作于1478年，在达·芬奇绘画作品中具有重要意义。

《圣母与花》描绘了圣母怀抱圣子的温馨画面。画中，圣母以温柔、慈祥的目光看着圣子；圣母面容亲切，美丽；她的右手拿着一束花草，上面开有十字形的花朵，这是十字花科的一种苦涩的草本植物，画家借此暗示了圣母的命运。圣子此时正在试着用稚嫩的小手去抓住花茎，他的脸上显示出一种专注且又严肃的神情，似乎从中预感到了未来的命运。圣母与圣子的身后是一个小窗，透过小窗可以看到外面的景色。

这样一幅描绘母子亲情的画作，为什么会成为冬宫博的镇馆之宝？它有什么特殊的艺术价值？难道仅仅是因为它出自大师之手？

走进冬宫博意大利艺术展厅之达·芬奇厅，听辰馆细细说来。

圣母与花

达·芬奇

布面油画（转移自板面油画），49.5厘米×33厘米，1478年

❀ 《柏诺瓦圣母》名字的由来

《圣母与花》，又名《柏诺瓦圣母》，原是圣彼得堡建筑师柏诺瓦（Benois）先生的私人收藏，20世纪初，冬宫博从其处购入。

关于"柏诺瓦圣母"名字的由来，此处涉及一个业内常识，或者叫业内共识，即，以收藏者的名字作为作品的代名。原因是，世界各地的画家们以圣母子为题材的作品非常多，且画家们自己给出的作品名都是"圣母与圣子"。那么如何区分这些同名作品呢？诚然，我们可以以"达·芬奇圣母子"或者"拉斐尔圣母子"来区分不同画家所画的"圣母子"。但是，如果同一位画家画了多幅"圣母子"的画作，那又该如何区分呢？人们想到了一个好办法：以收藏者的名字进行命名，譬如冬宫博中的两幅达·芬奇"圣母子"画作的名字：《柏诺瓦圣母》《利塔圣母像》，后者来自米兰公爵利塔（Litta）的私人收藏。当然，如果画作本身有特别突出的特点，也可以以特点来命名，譬如达·芬奇的《柏诺瓦圣母》，因为圣母的手中拿了一束花草，因此它就成为区别于其他"圣母子"画作的特别之处，故也可以以此特点命名为《圣母与花》。

利塔圣母像

达·芬奇，布面油画（转移自板面油画），42厘米×33厘米，1490—1491年

《圣母与花》的艺术价值

1909年,《圣母与花》首次与公众见面便震动了整个画坛,人们纷纷被达·芬奇新奇的创作技法"晕涂法"(Sfumato,也称朦胧法、渐隐法、薄雾法等)震惊。因为以晕涂法创作的人物形象看上去更像真实的人,这在之前的绘画作品中是前所未见的。下面我们通过实例来看,达·芬奇之前的画家所画的人物形象,与达·芬奇以晕涂法所绘画的人物形象的区别:

春

波提切利,木板蛋彩画,203厘米×314厘米,1477—1478年
现展陈于意大利乌菲齐美术馆波提切利展厅

获得勋章的年轻人的肖像画

波提切利,木板蛋彩画,57.5厘米×44厘米,1475年
现展陈于意大利乌菲齐美术馆波提切利展厅

桑德罗·波提切利（Sandro Botticelli, 1445—1510），15世纪意大利著名画家，享誉世界的绘画大师之一。《春》和《获得勋章的年轻人的肖像画》是波提切利重要绘画作品的代表，其中《春》是意大利乌菲齐美术馆的镇馆之宝之一。

将波提切利上述两幅作品中的人物形象与达·芬奇的《圣母与花》中的圣母子形象进行比较，不难看出，尽管波提切利的绘画技艺堪称大师级，但其所绘画的人物形象看上去并不像真人，或者说它更像是广告画或连环画中的人物，而达·芬奇的圣母子形象则完全达到了如同照片一般的效果。

《春》局部

《圣母与花》局部

还记得我们在前文中说过的**"能够载入史册的，一定是那些首先做到了别人没想到或者没做到的事的人""一个伟大的事物（人物）出现，一定是解锁了一种新的看世界的方法"**这两段话吗？达·芬奇创造的晕涂法正是解决了其他画家"画得好，却画得不像，画得不真实、不生动"的问题。或许，之前的画家也想要画得像、画得生动，却无法解决这个技术难题，而达·芬奇做到了。因此，达·芬奇被誉为世界艺术史上最伟大的画家，是文艺复兴绘画艺术最高成就的代表，其创作的**《蒙娜丽莎》被誉为世界艺术史上最伟大的画作**，蒙娜丽莎的眼睛、嘴、手等被誉为世界艺术史上最美的眼睛、嘴、手——这一切都源自达·芬奇所创造的独特的晕涂法在技艺上所达到的生动自然的效果。

达·芬奇之后，尽管一些画家也采用了晕涂法来绘画人物肖像，而且画得很好，几乎到了以假乱真（达·芬奇画作）的程度，如弗朗西斯科·梅兹（Francesco Meilzi）的《花神》，但能够青史留名的永远是那个最先解决问题的人（或事）。

❀ 《圣母与花》为什么是冬宫博的镇馆之宝？

作为欧洲文艺复兴最耀眼的艺术巨匠，达·芬奇已被确认的画作（成品）计有21件。故而，这21件作品无论在谁的手里都必然是稀世之宝。如果它们是博物馆的藏品，那必然也是馆藏品中的重中之重，宝中之宝，《圣母与花》在冬宫博中的地位即是如此。

更重要的是，《圣母与花》是达·芬奇采用晕涂法创作的早期作品的代表作，这就让《圣母与花》拥有了比其他作品更加特殊的文物意义上的价值。另外，当年（20世纪初）柏诺瓦先生的遗孀决定出售该画作时，世界上最好的博物馆闻讯后都争相购买，但柏诺瓦的遗孀却一心想要把它留在俄罗斯，并最终以远低于市场价值的价格让渡给了冬宫，使冬宫拥有了世所稀有的达·芬奇真迹中的一幅。如此珍贵之物，毋庸置疑，冬宫博必然把它视为镇馆之宝。

花神

弗朗西斯科·梅兹，布面油画（转移自板面油画），76厘米×63厘米，1520年
现展陈于冬宫博意大利艺术展厅（No.215）

如果不告诉你这幅画的作者名字，你一定会认为这是达·芬奇本尊的作品，但实际却不是。尽管这位画家画得非常好，可人们仍然不熟悉他的名字：弗朗西斯科·梅兹。由此，再次说明，当一个技术被广泛应用时，人们记住的一定是发明者的名字，而不是使用者；能够青史留名的，一定是最先创造（解锁）新事物的人。

女皇花重金购买52幅名画，竟无一件真品

本章我们将要观览的是冬宫博中最具艺术气质的"拉斐尔敞廊（Raphael Loggias）"，它被认为是冬宫中最为优雅迷人、美轮美奂的艺术建筑。

拉斐尔敞廊

冬宫作为罗曼诺夫王朝的皇宫,它大规模地购入欧洲乃至全世界优秀艺术品的历史源自叶卡捷琳娜女皇时期。女皇时期,由于藏品越来越多,皇宫不得不一再扩大,最终形成了冬宫建筑群。在扩建的皇宫建筑中,于旧皇宫的一侧特别加建了一条敞廊,它由意大利建筑设计师贾科莫·夸伦吉专为一批"拉斐尔壁画"所特别设计,这就是后来著名的"拉斐尔敞廊"。

1775年,叶卡捷琳娜女皇收到一份礼物,这是一件精美的彩色版画,它复制了16世纪早期拉斐尔和他的学生所创作的著名的梵蒂冈教皇宫殿长廊的壁画,女皇对此非常欣赏和喜欢,并表示希望能够获得与原壁画同等尺寸的复制本。之后,这个将原壁画临摹到画布上的工作由画家克里斯托弗·安特伯格(Christoph Unterberger)完成。

敞廊始建于1783年,至1792年完成全部装饰工程止,共计花费约10年时间。其全长90米,由13个"拱门"将其隔为13个廊间,每一廊间由一个正方形的穹顶所覆盖。女皇订制的"拉斐尔壁画"被装饰于每一廊间的穹顶、墙壁和墙柱上,并因此得名"拉斐尔敞廊"。

拉斐尔敞廊穹顶画以《圣经》故事为蓝

拉斐尔敞廊"拱门"

本,描绘了从上帝造人、造万物以及创世记等场景。该绘画系列被后人称为"拉斐尔的圣经"。其壁柱与墙壁上的绘画多以动植物、人物以及古希腊雕塑等为题材。

观览拉斐尔敞廊,需要有"二希"文化做基础:以希伯来文化看懂《圣经》题材的绘画;以希腊文化看懂雕塑题材中的人物或场景。实际上,以"二希"文化作为知识背景,世界各地博物馆中的大部分西方绘画、雕塑等艺术品基本都能通关。

拉斐尔敞廊穹顶画

拉斐尔敞廊墙壁壁画

✿ 拉斐尔与梵蒂冈长廊壁画

　　1515年前后，拉斐尔接受梵蒂冈教皇列奥十世的邀请，为梵蒂冈教皇宫殿长廊绘制壁画。拉斐尔带领他的学生用3年的时间（1516—1518年）完成了长廊13个拱门穹顶等共计52幅《圣经》故事大型壁画的创作。1775年，叶卡捷琳娜女皇看过其版画后，欣然决定：照单原样复制。这才有了后来的冬宫"拉斐尔敞廊"。

　　目前，梵蒂冈教皇宫殿的拉斐尔长廊尚未向普通游客开放，其间的拉斐尔壁画真迹也因岁月的剥蚀而渐损。好在，我们还可以在冬宫博的拉斐尔敞廊中再见大师的传世名作。

收藏家出售百余件文物给冬宫，自己却因欠债服苦役20年

冬宫博收藏有众多雕塑艺术珍品，其中不乏享誉世界的名家名作。这些雕塑总体上分为两大部分进行展陈：一部分展示于G楼的雕塑展厅中，另一部分作为装饰摆件散布于各展厅、大厅或通道中。限于篇幅，本章仅选取其中部分名家名作与大家一起赏析。

雕塑展厅一隅

首先来看 G 楼古代雕塑展厅中的两件重量级宝物：

❂ 宙斯坐像

宙斯坐像

年代：公元 1 世纪
材质：大理石，铜
规格：高 347 厘米
现展陈于 G 楼宙斯厅

仿希腊原作的罗马作品。

宙斯，希腊神话中的万神之王，绝对的男主，是希腊神话中最具影响力、最风流、最有权势、故事最多的 No.1 级大神。

传说，宙斯与他的两个兄长哈得斯、波塞冬通过抓阄的方式瓜分了世界的统治权：宙斯主管天空，波塞冬主管海洋，哈得斯主管冥府，而地球则由 3 个人共同管治。但实际却是，宙斯通过各种手段将地球牢牢地把控在了自己手中。

作为希腊神话中的老大，某种意义上，希腊神话也可以说是一部宙斯的情史或风流史。宙斯老渣风流成性，跟许多女神及民间美女都有私情，我们所熟知的海伦、赫拉克勒斯等，都是宙斯风流后留下的私生子女。

基于宙斯在希腊神话中的地位，古希腊与古罗马的文学、绘画以及雕塑中以宙斯为题材的作品数不胜数，其中的部分作品现在就展示于世界各地的博物馆、美术馆中。

宙斯坐像，原作是一件高大的漆金木雕作品，由古希腊最伟大的雕塑家菲狄亚斯（Pheidias）于公元前 5 世纪创作。之后，公元 1 世纪，罗马人按原作 1∶1 的比例复制了该坐像，也即我们现在看到的这尊"宙斯坐像"。其中，宙斯一手执权杖，一手托着胜利女神小雕像，神态威严，面目冷峻。整座雕像以大理石雕刻，其中的权杖、衣袍以及鹰为铜质。

塔夫利达的维纳斯

塔夫利达的维纳斯

年代：公元前3世纪
材质：大理石
规格：高169厘米
现展陈于G楼狄奥尼索斯厅

仿希腊原作的罗马作品。

塔夫利达，宫殿名，俄罗斯圣彼得堡历史最悠久的宫殿之一。《塔夫利达的维纳斯》因曾安置于该宫殿中，故得名《塔夫利达的维纳斯》。

《塔夫利达的维纳斯》雕像最初是奉彼得大帝之令从罗马获得，为入藏冬宫的第一件古希腊雕像，文物意义重大。

《塔夫利达的维纳斯》被认为是古希腊、古罗马人理想中最美女性的代表。的确如此，辰馆第一眼看到它时，就立刻心生出满满的羡慕：这丰满且又颀长的身材，真真是人见人爱啊！

《塔夫利达的维纳斯》同样也是一件罗马人复制的古希腊雕塑作品。

古希腊雕塑作为西方雕塑的祖师爷，拥有着后无来者的荣耀。当时，古希腊最伟大的雕塑大师之一波利克列托斯（Polykleitos）从大量的实践中发现了雕塑中的"人体标准尺寸"，提出了"人体应是头长7倍的理想比例关系（头长∶身高=1∶7）"，认为按照这样的比例关系雕塑出来的人像，体形是最美的。之后，古希腊雕塑家利西普斯（Lysippus）又在此基础上优化了人体的比例关系：**"身高8倍于头长，能够创造出更为修长、和谐、优雅的理想化人体"**。

于是，自波利克列托斯、利西普斯之后，不管是"维纳斯""大卫"，还是罗丹（Auguste Rodin，法国雕塑家）、贝尼尼（Gianlorenzo Bernini，意大利雕塑家）的作品，都毫无例外地遵从了古希腊祖师爷所给出的理想的人体比例关系。也正因如此，后世艺术家们所创作的雕像才看上去体形修长挺拔，给人以美感。如今，利西普斯的"八头比"不仅是美术界人体造型的标准比例，也是时装界选拔模特、舞蹈学院选拔舞蹈演员时所参照的身材标准。

《塔夫利达的维纳斯》的塑造完美地体现了这一比例原则。雕塑家在造型时特别加长了其腿部长度，不仅使维纳斯的两腿看上去修长玉立，同时也增加了身高的高度，人为制造出了"八头比"的理想身材比例关系，并因此给人一种美的享受。（现代人人为创造"八头比"的典型例子是高跟鞋的使用。）

了解了人体造型的最美比例关系，各位现在可以拿把米尺实测一下自己的身材情况：先量一下头的长度，再量一下身高，然后算出它们之间的比例关系。如果高于七头比，恭喜你拥有了模特身材；如果不足六头比，可以考虑穿高跟鞋。

❀ 《宙斯》《塔夫利达的维纳斯》缘定冬宫博

　　冬宫博收藏有近120件公元前2—前3世纪古罗马时期的雕塑作品，而这一时期正是古罗马雕塑的全盛时期，它们被认为是世界上最优秀的雕塑作品的代表。

　　冬宫博所藏的这一时期的雕塑艺术品大多来自对意大利著名收藏家科庞纳公爵所藏雕塑艺术品的收购。

　　科庞纳公爵，意大利著名的古希腊罗马艺术收藏家。

　　这位大收藏家曾因大量收购珍贵艺术品而导致负债累累，最终因无力偿还巨额债务而被判苦役刑20年。早在1850年，科庞纳感到收藏力不从心之时，曾向俄沙皇尼古拉一世表示愿意出售自己的藏品，但前提条件是，必须全盘收购所有藏品，而冬宫方面则表示只希望收购其古代艺术品部分。两者失之交臂。

　　之后，科庞纳的藏品被拍卖。在拍卖前夕，科庞纳给予了冬宫优先选择权，可以事先选择中意的拍品。冬宫因此收购了其中的600件艺术品，其中包括100余件雕塑珍品，总计花费了6000意大利斯库多（当时的货币单位）。随后冬宫为这些雕塑艺术品创建了雕塑展厅，也就是我们现在所看到的G楼雕塑展厅（其中又分为多个展厅，如宙斯厅、狄奥尼索斯厅等）。

　　以下为展示于一楼展厅或通道中的名家名品雕塑。

❄ 丘比特的威胁

丘比特的威胁
作者：法尔科内
年代：1757年
材质：大理石
规格：高85厘米
现展陈于冬宫博法国18世纪艺术展厅

有人猜测，《丘比特的威胁》可能是1757年法国国王的情妇蓬巴杜夫人（Madame de Pompadour）为斯特罗加诺夫伯爵（Count Stroganov）定制的雕像的复制品。但也有人认为这件作品就是原作，理由是因蓬巴杜夫人过世而未能支付报酬，故该雕塑最终留在了雕塑家的工作室中。

《丘比特的威胁》表现了可爱小童丘比特正在做着一个"嘘"的动作。他将一根手指放在嘴边，头微低，眼睛向上看，脸上带着几许狡黠的微笑，他的面部表情似乎在说：喂，你要小心啦，我可是手中握有爱情箭的人哦。而此时，他的一只手正悄悄地伸向身旁的箭筒，似乎随时会倏地一下抽出一支箭去射向目标。但是，此时他脚下的玫瑰花已经揭示了答案，这次他要射出去的是一支金箭，也就是爱情箭，被射中的人会沉浸在幸福的爱情里。

法尔科内最擅长刻画细腻的人物形象，丘比特稚嫩圆润的肌肤、俏皮可爱的表情、孩童特有的柔软体态，在法尔科内的手下被雕刻得栩栩如生，仿佛"丘比特"不是一块冰冷的大理石雕像，而是一个随时可能跳下基座、追上你、给你一箭的活灵活现的顽皮小童。这种将冰冷的大理石转化为有血有肉、有温度的人物形象的能力，体现的正是作者非凡的技艺。正如米开朗琪罗所说：每一块大理石里面都藏着一个伟大的灵魂，而我们要做的是，用巧妙的构思和不懈的雕琢将这个灵魂从石头中解放出来。

法尔科内生活的时代是艺术上的洛可可时代，因此在他的作品中既能感受到巴洛克式的戏剧表现力、洛可可式的华丽富贵气，也能看到古典主义的和谐与平衡关系。

雕塑家简介： 艾蒂安·莫里斯·法尔科内（Etienne Maurice Falconet，1716—1791），法国著名雕塑家，法国宫廷雕塑大师。在其一生的创作生涯中，有超过10年的时间是在俄罗斯工作。1767年，受叶卡捷琳娜女皇之邀，法尔科内来到俄罗斯为已故的彼得大帝制作纪念青铜像。该青铜像《青铜骑士》是法尔科内最著名的作品之一，也是欧洲最杰出的纪念雕像之一。另外，冬宫博收藏的《丘比特的威胁》和《冬》等作品，也都是法尔科内享誉世界的名品佳作，不过这些作品都是在法国完成的。

冬
作者：法尔科内
年代：1771年
材质：大理石
规格：高135厘米
现展陈于冬宫博法国18世纪艺术展厅（No.286）

❉ 丘比特与普赛克

丘比特与普赛克
作者：卡诺瓦
年代：1796年
材质：大理石
规格：高137厘米
现展陈于冬宫博古代绘画史画廊

普赛克（Psyche），罗马神话人物，丘比特的妻子。

作为丘比特的妻子，普赛克和婆婆维纳斯之间的关系不是太好，而两人交恶的主要

---

* 也称《丘比特吻醒普赛克》。

原因是婆婆嫉妒儿媳的美貌盖过了自己。

话说古希腊有座小城邦。因为城邦里的人都很爱美，因此城中有很多供奉美神维纳斯的神庙。这天，维纳斯刷屏巡览时，突然发现该城中自己的庙堂内灰尘满室，蛛网密布，整座神庙门可罗雀。怎么回事？维纳斯急忙赶到现场：天哪！这里确实已经很久没有人来过了。于是，维纳斯化身农妇微服私访，终于摸清了事情的真相：原来，城里有位名叫普赛克的少女，美若天仙，见过她的人无不争相传说"她是世界上最美丽的女人，她比美神与爱神维纳斯还要美……"人们把鲜花和美酒都送到了她家，以至于人们把美神维纳斯几乎都忘干净了。

维纳斯发誓一定要把普赛克整惨。她喊来儿子丘比特："去，把那个普赛克给老娘收拾一下。"丘比特领命后背上箭囊就去给老妈报仇了。意外的是，丘比特竟对普赛克一见钟情并深深地爱上了她。为了不让老妈发觉此事，丘比特远在森林中建造了一座金殿，跟普赛克过起了金屋藏娇的日子。不过，为了不让普赛克知道自己是谁，丘比特特意告诉她不要试图看到他的形象，否则一切都会立刻化为乌有，并且他也总是只在夜晚才来到普赛克身边。

普赛克的两个姐姐非常嫉妒她在金殿中的生活，她们心怀叵测地对她说：你的丈夫肯定是个妖怪，不信你可以在他睡熟之后拿油灯照一照。如果是妖怪，你就杀了他。普赛克按照姐姐们的话去做了。这夜，当普赛克一手举着油灯、一手拿着利刃准备杀死熟睡中的丘比特时，灯光让她看到了眼前的丈夫竟是帅到爆的爱神丘比特！慌乱中，普赛克不小心将灯油洒到了丘比特的身上，被惊醒的丘比特立刻飞走了。随之，普赛克身边的宫殿、花园也都立刻消失得无影无踪了。

普赛克四处寻找丘比特。这天，她找到了维纳斯的宫殿。看到自投罗网的普赛克，维纳斯心生一计，她让普赛克去冥王府取回一个装有"永恒美貌"的魔盒（难度很大，基本上有去无回）。历尽艰辛，普赛克终于从冥王府取到了魔盒。但是，在返回维纳斯宫殿的路上，普赛克由于按捺不住好奇心，她打开了魔盒。谁料魔盒中装的竟是使人沉睡的魔鬼，顿时，普赛克昏睡了过去。

丘比特得知消息后，立刻飞到普赛克身边，用一腔热吻唤醒了普赛克……最终，有情人终成眷属。

《丘比特与普赛克》展现的正是丘比特吻醒普赛克的温情一幕。为表现丘比特急切的心情，雕塑家将丘比特的翅膀设计成了上扬的V字形，仿佛他刚刚轻落到普赛克身边尚未站稳，且翅膀都没来得及收回还在微微颤动中的状态。而此时的普赛克正仰头向上、以双臂环绕丘比特的头部接受其吻，她的身体呈现出一种舒展柔美的形态。丘比特的俯身拥抱与普赛克的仰面环抱，使构图达到了完美的和谐与平衡，让整件作品看上去充满了温馨与浪漫的情调。（据说，现如今流行的以双臂在头顶上比心的动作，就来自《丘比特与普赛克》。）

表现丘比特吻醒普赛克的艺术作品非常多，几乎各大著名博物馆里都有。仅卢浮宫、冬宫博以及大都会博物馆就分别藏有卡诺瓦创作的《丘比特与普赛克》作品。此三件作品的造型基本相同，只在一些细节上有些差异。

雕塑家简介：安东尼奥·卡诺瓦（Antonio Canova，1757—1822），意大利雕塑家；新古典主义雕塑代表人物，世界最伟大的雕塑家之一。代表作：《忒修斯杀死米诺陶》《博盖塞的维纳斯》《丘比特与普赛克》等。

❋ 三美神

《三美神》是卡诺瓦最著名、最受大众喜爱的作品之一。它原本是约瑟芬皇后向卡诺瓦定制的作品，不幸的是约瑟芬去世前并没有看到它的成品。之后，约瑟芬的儿子尤金·博哈尔奈（Eugene Beauharnais）收藏了这件杰作。再后来，尤金的儿子马克西米利安（Maximilian）公爵娶了亚历山大一世的女儿玛利亚·尼古拉耶芙娜（Maria Nikolayevna），并带来了这件著名的群雕像。

《三美神》的欣赏重点，除了雕塑家精湛的技艺外，其构图之美妙最让人赞叹不已：以三女神环抱的手臂与衣带构建出一个最具稳定性的三角形构图，且女神们的头长比超过了8∶1，其流畅的线条、优雅的姿态，使整件雕像看上去于平衡稳定中又散发着迷人的动感美。

冬宫博收藏有15件卡诺瓦的精美雕塑作品，其中部分作品展示于古代绘画史画廊。作为雕塑大师，卡诺瓦一直是艺术赞助人和收藏家追捧的对象，他的粉丝包括法国皇帝拿破仑、俄国沙皇亚历山大一世等位高权重者。1814年，拿破仑的第一任妻子约瑟芬去世后，亚历山大一世买下了她在马尔迈松城堡的这些珍贵藏品。

三美神

作者：卡诺瓦
年代：1813年
材质：大理石
规格：高182厘米
现展陈于冬宫博古代绘画史画廊

大思想家伏尔泰与众不同的遗嘱：我的棺材这样埋

坐在椅子上的伏尔泰

作者：乌东
年代：1781年
材质：大理石
规格：高138厘米
现展陈于冬宫博一楼法国15—18世纪艺术
伏尔泰展厅（No.287）

《坐在椅子上的伏尔泰》是冬宫博的镇馆之宝,出自法国雕塑大师乌东之手。

伏尔泰(Voltaire)是谁?

伏尔泰,或许你对这个名字不太熟悉,但下面这些名言你一定听说过:
"生命在于运动";
"我不同意你说的话,但我誓死捍卫你说话的权利。"[1]
……
这些话(思想)就出自伏尔泰。

伏尔泰(1694—1778),法国启蒙思想家、文学家、哲学家,18世纪法国资产阶级启蒙运动的泰斗,被誉为"法兰西思想之父"。

伏尔泰,原名"弗朗索瓦-马利·阿鲁埃",出生于法国巴黎的一户富裕中产阶级家庭。其父是法院的一名公证人,其母出身于贵族家庭。伏尔泰中学毕业后,父亲将其送到法科学校,希望他将来能够成为一名法官。遗憾的是,伏尔泰对做法官没多大兴趣,反而对文学、写诗有着极大的兴趣。

伏尔泰写诗并非沉溺于风花雪月,而是偏爱嘲讽社会丑陋与腐败。此后,他因写讽刺诗影射宫廷而多次被流放甚至被投入监狱。在狱中,他写出了自己的第一部戏剧作品《俄狄浦斯王》,并首次使用了"伏尔泰"[2]作为笔名。

伏尔泰一生执着于宣传启蒙思想,反对宗教和迷信,反对宗教狂热,反对专制和强权,主张开明的君主政治,倡导自由与平等。虽一生大起大落,忽而流亡、入狱,忽而受追捧、赢得荣誉,但他始终都在为捍卫自己的思想而斗争。

---

1. 非伏尔泰原话,他人总结其思想。
2. "伏尔泰"是他在法国南部故乡的一座城堡的名字。

伏尔泰作为法国启蒙运动的先驱和领袖，其思想也影响到了当时欧洲一些国家的君主，他们有些甚至与伏尔泰成为挚友。俄罗斯当时的女皇叶卡捷琳娜就是伏尔泰的"铁粉"。她不仅通读过伏尔泰的全部著作，而且与伏尔泰保持着长期的书信往来。受伏尔泰思想的影响，女皇积极推动了俄罗斯启蒙运动的发展，由此还获得了开明君主的赞誉。

冬宫博所藏《坐在椅子上的伏尔泰》大理石雕像，就是叶卡捷琳娜女皇向法国雕塑大师乌东特别定制的雕像作品。

乌东，全名"让-安托万·乌东（Jean-Antoine Houdon）"，以擅长人物胸像雕像著称，曾为当时的很多名人制作过雕像，如：美国总统华盛顿、富兰克林等。而《坐在椅子上的伏尔泰》则是乌东最著名的雕像作品，被认为是乌东雕像艺术的巅峰之作。

伏尔泰胸像
作者：乌东
年代：1778年
材质：大理石
现展陈于冬宫博一楼法国15—18世纪艺术展厅

1778年，伏尔泰的家人请乌东为伏尔泰做一件雕像。乌东原本为此雕像设计了一些人物姿态，但是当他见到伏尔泰本人时，他被眼前的一幕惊呆了：伏尔泰的形象完全不是他想象中的那个影响了几代人的大思想家的样子，而是一位被疾病折磨的瘦骨嶙峋、奄奄一息的老人的样子……作品完成后，伏尔泰本人看了非常满意。不幸的是，几天之后伏尔泰便驾鹤西去了。后来，乌东根据这件胸像制作了一件较大的坐像：《坐在椅子上的伏尔泰》，并将其安放在巴黎法兰西喜剧院的大厅中。再后来，叶卡捷琳娜女皇看到了这件雕像，非常喜欢，于是向乌东定制。1784年，女皇迎来了她心心念念的伏尔泰雕像，也就是我们今天在冬宫博中看到的这件《坐在椅子上的伏尔泰》雕塑，它是法国巴黎法兰西喜剧院同名雕像的复制品。与大多数复制品不同的是，这件复制品是由雕塑家本人制作的。

　　乍看这件《坐在椅子上的伏尔泰》，或许你会有些失望：大师的巅峰之作就这个样？——宽大的衣袍几乎占据了整个画面，并且衣袍的线条看上去显得有些生硬与刻板，就像是一条厚厚的毛毯披在了伏尔泰的身上，其褶皱僵硬，缺乏流畅感，给人一种不那么精致的感觉。但是，如果你走近细看，你立刻就会被雕塑家对伏尔泰的脸部与手部的精细、精准刻画震撼。

坐在椅子上的伏尔泰（局部）

前面说了，乌东雕塑的精彩之处在于胸像的雕刻，尤其精于人物脸部细节的刻画。单就这件《坐在椅子上的伏尔泰》来说，作品本身的重点与看点是在伏尔泰的脸部表情与手部刻画上：消瘦的面庞、睿智的额头、深邃的目光、略带嘲讽的笑意、孱弱却又坚定有力的手指……如此生动准确的雕琢，非大师不能及也。所谓"细节决定成败"，乌东的作品给出了最好的诠释。另外，作者寓意深刻地以宽大的外衣来衬托伏尔泰瘦弱的身体，意在表现其单薄的身躯与整个社会丑陋现象的抗争；其衰老枯瘦的双手有力地把握住椅子扶手的样子，表现了一代思想家不可估量的生命力。

有意思的是，这位一生都在奋力抗争的思想斗士却很幽默地为自己安排了这样的后事："棺材一半埋在教堂里，一半埋在教堂外。"意思是说：如果让我升天堂，那我就从教堂升入天堂；如果让我下地狱，嘿嘿，那我就从棺材的另一头溜之大吉！哈哈哈，敢情老伏对上苍怎么评判他的一生心里没什么底啊！

如今，伏尔泰的心脏被盛放在一个盒子里，存放在巴黎国家图书馆中。盒子上刻着伏尔泰生前的一句名言：

这里是我的心脏，但到处是我的精神。

暗藏在镇馆之宝中的俄罗斯女皇风流史

冬宫博中出镜率最高、最受观众喜爱、围观人数最多的当属镇馆之宝系列中的孔雀报时钟,它的展台前总是围满了观赏的人群。作为镇馆之宝,除了其自身所拥有的科技与工艺价值,它的知名度和观众喜爱度也是使它声名远扬的重要原因。当然,这其中最主要的还是因为它暗藏了一段俄罗斯帝国女皇叶卡捷琳娜的风流史。这段风流情事为该宝物加持了浓重的历史情结,使它跻身冬宫博物馆镇馆之宝之列。

孔雀报时钟
作者:詹姆斯·考克斯
年代:18世纪下半叶
材质:铜镀金,银等
规格:高300厘米
现展陈于空中花园旁的亭台阁楼厅

❈ 孔雀报时钟

孔雀报时钟（下称"孔雀钟"），即一件把时钟和孔雀的形象关联起来并且还有报时功能的钟表工艺品。

孔雀钟出自18世纪英国钟表匠詹姆斯·考克斯之手。据说，这件颇有创意的钟表最初是为中国皇宫量身制造的，但是当它被呈现给乾隆皇帝时，乾隆帝却不是很中意，没看上。之后，孔雀钟辗转来到了俄罗斯。

孔雀钟由五大部分组成：孔雀、公鸡、猫头鹰、底座与树干（枝），整座钟高约3米。

每当整点报时时刻，站在金树桩上的孔雀便开始昂首傲娇地缓缓张开它那美丽的羽翼，并同时环360度转行一圈；旁边的公鸡则一边拍打着翅膀，一边啼声嘹亮地打鸣；关在笼子里的猫头鹰此时边旋转边眨着溜圆的大眼睛，煞有介事地不停地点头，似乎在说"到点啦！到点啦！"；时钟底座上摆放着蜻蜓、蘑菇等一些小型动植物，它们伴随着钟鸣声开始各自的表演秀；时钟底座的边缘镶嵌着满满一圈大颗粒的宝石，为时钟增添了奢华之气；时钟的最上端是枝繁叶茂

孔雀

的金树枝（叶）。设计者巧妙地以公鸡打鸣来比喻一天的开始，以猫头鹰象征夜晚的降临，而孔雀羽翼的开闭则寓意了自然界生长与消亡的客观规律。

上述所有的这些，每到整点时便伴随着犹如八音盒般清脆优美的报时声一起联动展现，所呈现出的美妙景象令人目不暇接、惊喜连连。它因此而吸引了大批冬宫博内的游客，每到临近整点时，人们便从各展厅匆匆赶往这里，一路小跑的人流形成了冬宫博中一道亮丽的风景。而待到整

公鸡

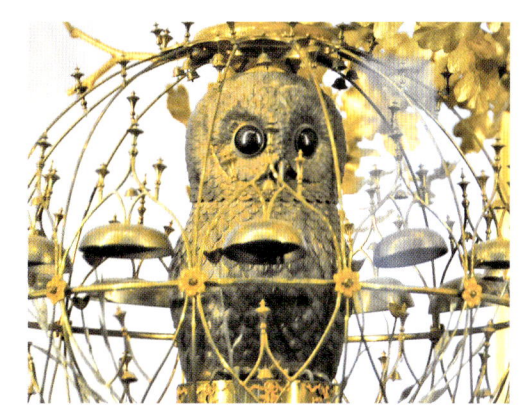

猫头鹰

镶嵌有宝石和小动物的底座

枝繁叶茂的树枝和树叶

点时刻,孔雀开屏时的样子真可谓是蔚为壮观,令人兴奋不已。

孔雀钟因为整器被镀了厚厚的黄金,而一度让人误以为它是纯金打造之物,而实际它是由铜镀金、银等材质制作的。

孔雀钟是18世纪欧洲黄金(金属)工艺、机械技术、美学艺术完美结合的产物,代表了18世纪欧洲工艺美术、科学技术的时代水平。

波将金与孔雀钟

孔雀钟辗转来到俄罗斯后，被当时俄罗斯帝国的重臣格里高利·亚历山德罗维奇·波将金（下称"波将金"）买下。

波将金何许人也？

还记得前文"俄罗斯简史"中提到的女皇当年借助情人+男友们发动政变、一举罢黜老公彼得三世、让自己登上权力宝座的彪悍故事吗？女皇当年掀翻坐在皇位上的老公，就有这位日后最为得力、最为亲信的男友波将金的全力相助。

波将金（1739—1791），出身于俄罗斯一个中产收入的贵族地主家庭。因1762年参与叶卡捷琳娜政变而受到女皇的赏识。1768—1774年，俄土战争以及之后的一系列战争中，波将金因屡建功勋而声名鹊起，进而成为女皇最亲密的情人与挚爱。女皇为此嘉奖（授予）他"元帅""总督"等众多称（封）号，波将金遂逐步成为俄皇宫位高权重的重臣之一。

波将金留名青史的主要事迹，除了他是俄国历史上最具影响力的女皇、女大帝叶卡捷琳娜的铁磁情人外，还另有著名的"波将金村"典故流传后世，成为"脍炙人口"的搞笑段子。

波将金被封为克里米亚总督后，女皇曾到该地巡视。为了向女皇展示自己的治理成果，波将金在女皇途经之地建造了很多令人赏心悦目的"村庄"。这些村庄看上去富饶美丽，人们安居乐业，生活一派幸福祥和的景象。

然而，这些幸福的村庄却都是些"假村庄"——是临时搭建起来的随拆随建的"便携式村庄"。一旦女皇巡视过后，这些村庄便会被快速拆除并运往下一个目的地（包括村民），然后重新改装搭建成又一个新的幸福如画的村庄。（真是世界之大无奇不有，这弄虚作假的水平绝对是宇宙教父级了！）

后来，"波将金村"被后世用来形容"弄虚作假""做表面文章"的代名词。

1791年，波将金去世后，女皇指示将孔雀钟移至冬宫，成为冬宫永久的珍藏宝物，由此可见女皇对这位亲密情人的挚爱深情。更有意思的是，这间展示孔雀钟的阁楼厅，原本是女皇邀请亲密朋友、不被外界打扰的私密宫殿（艾尔米塔什之名即由此而来），现在冬宫博将孔雀钟安置在这样一个地方，其中寓意耐人寻味。

杂项篇

ZAXIANG PIAN

··

作为俄罗斯帝国的皇宫，冬宫中价值连城的宝物实在太多。它们有的因稀有而珍贵，有的因重要历史价值而成为无价之宝，还有的因工艺精绝而留名后世。杂项板块选取了**金器、瓷器、骨雕、宝石镶嵌画**以及**玻璃器**等品类的部分宝物，作为继装饰类、历史类、艺术类之后，对冬宫博所展陈珍宝的一个杂汇式补充。虽然它们只是冬宫博众多宝物中的沧海一粟，却也以少见多地让我们想见了冬宫博数以百万计宝藏的无限精彩。

巧夺天工的宫廷工艺品

❀ 宝石镶嵌类

❀ 什么是宝石镶嵌艺术？

宝石镶嵌艺术也可称为彩石镶嵌艺术，指的是以彩色石材，如大理石、青金石、玉石等上等石材镶嵌于石质、木质材料中的一种技法。具体到冬宫的宝石镶嵌桌面工艺，则是指将宝石镶嵌于大理石桌面的工艺技术，如宝石镶嵌画家具、宝石镶嵌黑色大理石桌面家具中的桌面图案，都采用的是该工艺制作。

宝石镶嵌黑色大理石桌面中，其桌面上色彩缤纷的图案并非用画笔画上去的，是用各种彩色宝石拼合而成的。如果你在现场观看实物，你一定会被它无与伦比的精美画

宝石镶嵌画家具
年代：19 世纪 50—70 年代
现展陈于冬宫博一楼俄罗斯文化展厅之家具厅（No.183）

面震撼，难以置信如此精细的画面竟然是人工用宝石打磨拼合出来的，怎一个巧夺天工能够形容。

宝石镶嵌黑色大理石桌面家具

年代：桌面 1846 年，底座 1852 年 / 材质：大理石，镀金青铜底座 / 现展陈于冬宫博空中花园亭台楼阁厅

  对于普通的宝石镶嵌工艺来说，最主要的是技术熟练度问题，而对于冬宫博的这些宝石镶嵌桌面来说，由于它每一幅画上的图案都来自天然彩色宝石的组合拼图，因此其选料的时间成本、工艺制作成本都非常高。

❖ 宝石镶嵌工艺

以宝石镶嵌工艺为例,简要说明其主要工序:

1. 设计画稿,也即成品图案。不同的设计师(画师)所设计的画稿不同,其风格品位也不同。最终成品的高下在这一阶段便已拉开了档次。

2. 选材。根据画稿选择石材,包括颜色、纹路、大小等。很多时候,选材的过程即是对作品进行二次创作的过程,很多灵感就来自石材的启发。

3. 勾形。将画稿分解成一个个的局部图形,例如宝石镶嵌黑色大理石桌面中的图案,可以先将其中的花瓣、叶子、花瓶等图形分别剪下来,然后将这些画片覆盖粘贴在选定的石材上,并对石材进行勾形、切割、雕刻、打磨等工序,以完成局部画面的石件制作。也即,先把整个图案细化到局部,再将各局部分别制作完成。

4. 刻板。在需要镶嵌的材质上,按设计画稿进行刻板(挖槽),即事先在大理石桌面上凿(刻)出与设计图案轮廓相对应的凹形槽,此凹形槽需和待嵌入的彩石画的外形严丝合缝,完全吻合。

5. 粘贴与打磨。将画稿各局部零件进行拼接(粘贴),完成整个画面;将完整的石画嵌入桌面上已挖好的凹槽中进行固定、打磨、上光、清洁等工序。一件宝石镶嵌的桌面就算是基本完成了。

宝石镶嵌工艺有平嵌、高嵌等多种技法,例如桌面镶嵌是平嵌,即嵌入的材质与桌面相平;反之,突起的就是高嵌,比如首饰匣、百宝箱上的宝石镶嵌就突出于箱体平面。

宝石镶嵌也并非仅仅局限于石材,也可以是珊瑚、玛瑙、珍珠、金银等材质。当然,这取决于个人喜好、品位与经济实力。比如,一些家庭中使用的彩石镶嵌家具,其镶嵌材质用的就是人工上色的*彩绘*石材,而非石料的天然本色。毫无疑问,冬宫用的肯定是名贵的天然原色宝石。

宝石镶嵌工艺家具

年代：19世纪50—70年代

材质：黑胡桃木

现展陈于冬宫博一楼俄罗斯文化展厅之家具厅（No.183）

宝石镶嵌画钢琴琴面

现展陈于冬宫博一楼布都阿乐厅

　　镶嵌画装饰是19世纪后半叶流行于俄罗斯的室内装饰风格，包括家具、地面等装饰。

　　不仅桌面，冬宫博空中花园亭台楼阁厅的部分地面也是由天然彩色马赛克拼合而成。而如此规模的一个拼画大约需要几万片彩石才能组成，让人不禁联想到其背后的浩大工程：采石、选石、切割、雕琢、镶嵌……

　　任何一件精美的艺术品，都是技艺、时间与汗水的结晶。

天然彩色石片制作的马赛克拼画镶嵌桌面
现展陈于冬宫博空中花园亭台楼阁厅

天然彩色马赛克拼画地面

❈ 骨雕类

❈ 什么是骨雕？

骨雕：以动物骨骼（常以牛骨、骆驼骨、鱼骨等）为原材料进行雕刻与磨制的雕刻工艺品。

人类最早制作的骨雕可以追溯到旧石器时代，几乎在世界各国的历史博物馆中，你都会看到**早期人类用动物骨骼磨成的针**：古人将动物的小骨骼磨成尖形，再用尖石在其尾部砸（雕）出针眼，一枚骨针就这样制成了。人们用这种骨针将兽皮"缝"成衣服，用以驱寒保暖。可以说，骨针（雕）在人类的成长过程中曾经起到过重要作用。

之后，随着历史与社会的变迁，骨雕制品也从原来的实用功能转向了装饰功能，各种骨雕（含牙雕，下同）工艺品层出不穷、日益精美，就如同我们在冬宫博中所看到的这些令人叹为观止的骨雕艺术品一样。

俄罗斯幅员辽阔，地大物博，自然资源十分丰富，尤其是在矿产、植物与动物资源方面优势突出。在动物种类上，俄罗斯拥有的种类高达12万种之多，其中不乏珍贵物种，如北极狐、黑貂等。同时，俄罗斯还是世界上狩猎动物资源最丰富的国家之一……总之，由于俄罗斯动物资源丰富多样，故而其骨雕制品（艺术品）特别精彩，正所谓巧妇善做有米之炊——米多了，花样自然就多，出精品的概率就高，逻辑上是如此。

人物头像牙雕盖杯
年代：1787年
材质：猛犸象牙
规格：高25厘米
现展陈于冬宫博一楼俄罗斯艺术展厅（No.173）

人物头像牙雕盖杯局部

　　这件人物头像牙雕盖杯的周身，雕满了从留里克到叶卡捷琳娜女皇等俄罗斯历代大公与沙皇的雕像。抛开雕刻技艺不说，单凭历代君王雕像集于一杯这一点，它就够得上价值连城了。

　　海象牙牙雕装饰花瓶是俄罗斯牙雕艺术的典范之作，出自俄罗斯著名雕塑家N. S. 韦列什察金（N. S. Vereshchagin）之手。近距离观赏之，其镂雕技艺之精绝、精美简直到了令人窒息的程度。

　　1803年，这件海象牙牙雕装饰花瓶曾被俄罗斯对日交涉团带往日本长崎。原本俄罗斯方面是想将此物作为礼物送给日本天皇，后因交涉失败，它又被带回了俄罗斯，因而具有了特别的历史意义。

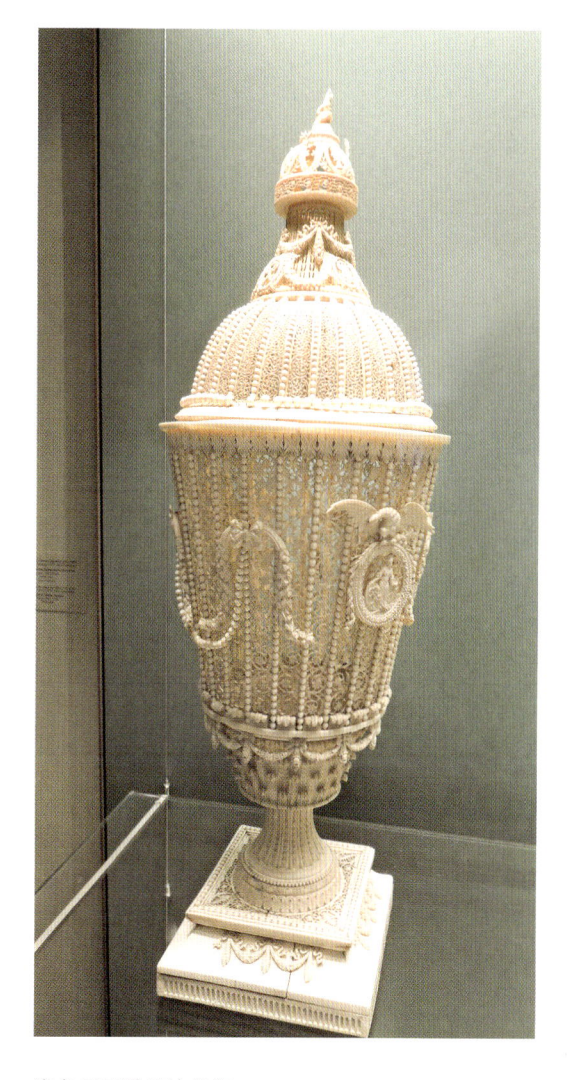

海象牙牙雕装饰花瓶
年代：1798年
材质：海象牙
规格：高85厘米
现展陈于冬宫博一楼俄罗斯艺术展厅（No.173）

325

海象牙牙雕装饰花瓶局部

四季图牙雕装饰花瓶局部

四季图牙雕装饰花瓶
年代：18世纪
材质：象牙
规格：高31厘米
现展陈于冬宫博一楼俄罗斯艺术展厅（No.173）

在花瓶的盖子上雕刻有象征四季图案的浮雕。

❀ 金银器类

银镀金啤酒杯
年代：1685—1687 年
材质：银，镀金
规格：高 31 厘米
产地：德国莱比锡
现展陈于冬宫博一楼亚历山大厅

银镀金鸡形杯
年代：1600 年
材质：银，镀金
产地：德国纽伦堡
现展陈于冬宫博一楼亚历山大厅

世界各地的皇宫为了彰显本国国富"帝"强，几乎无有例外地将皇宫以大量黄金进行装饰，小到一个杯子与相框，大到整座房间与天顶，都不由分说地披上了黄金的外衣。再加上那些纯粹以黄金制作的家具、餐具、摆件等，愈发使得皇宫熠熠生辉、光芒耀眼。可以说，皇宫中黄金的规模与装饰，在某种程度上反映了该国的经济实力与富庶程度。鉴于此，各国皇宫无论家底如何，都一个赛一个地炫富，攀比着谁比谁更"黄"。

历史上，俄罗斯在欧洲一直处于贫穷落后的地位，直到罗曼诺夫王朝，俄罗斯才逐步建立起强盛的俄罗斯帝国。因此，俄罗斯帝国的沙皇们在心里总有一种要把那些老牌欧洲帝国比下去的心态，反映在皇宫的建造与装饰中，那便是"但求最好，不怕最贵"。于是，就有了我们今天所看到的一座用黄金、钻石和奇珍异宝堆砌起来的冬宫。

冬宫中黄金制品十分丰富，这与俄罗斯

盛产黄金（世界第三大黄金储量国）以及有着悠久的黄金制造工艺历史有关。

俄罗斯在远古时期就盛行使用金、银、青铜等材料制作金属工艺品。尤其是黄金工艺，在古代时就已经有很高的制作水平。之后，铜、铁工艺随着武器制作的兴盛得到了蓬勃发展。18世纪初，彼得大帝下令建立兵工厂，这座兵工厂不仅生产武器水平一流，甚至在制作钢铁工艺品方面也颇得好评。

冬宫博除了富藏俄国本土的金银质精美艺术品，也收藏有世界各地的金银器珍宝。这些金光闪烁、璀璨夺目的艺术品或出自公元前西亚艺匠之手，或来自文艺复兴时期欧洲珠宝大师的妙手生花，或源于……毫不夸张地说，参观冬宫博的过程就像是一次与金光同行的旅行，一路都被它的光芒所照耀。

银质有柄镀金盖杯
年代：1658年
材质：银、镀金
产地：德国汉堡
现展陈于冬宫博一楼亚历山大厅

人们为什么偏爱黄金？

其一是因为黄金乃稀有资源，是贵金属的一种。通常，一种物质的价值（格）取决于它的稀缺程度与制造成本。毫无疑问，黄金因稀缺而价贵。

其二，黄金色泽明亮、光芒耀眼，符合人们对于高贵的向往与审美。

其三，黄金能保值。所谓"盛世藏古董、乱世买黄金"，指的就是黄金保值的一面。

其四，黄金能够满足人们虚荣炫富的心理。很多人（包括帝王）都有向他人展示自己优越一面的虚荣心，而黄金刚好可以满足人们的这个心愿。于是，帝王贵胄们一个赛一个地高调炫耀着自己所拥有的黄金宝物，而平民百姓也不甘示弱，纷纷晒宝秀奇，

银镀金玻璃套具

年代：1880 年
材质：银，玻璃，镀金
产地：法国
现展陈于冬宫博一楼法国15—18世纪艺术展厅

手、足、脖、耳，甚至是鼻子上都戴满了金饰。不过，这也不能说完全是因为虚荣心，黄金饰品本身能够给人带来美感，也是人们喜爱它的重要原因之一。

其五，黄金除了上述种种优势，它还有一个重要的物理属性——相对柔软且有极好的延展性，可以打制出极薄的金箔片，因此决定了它能被制作成各种绚烂多姿的艺术品，如冬宫博所藏各类金银器珍宝。

银质葡萄酒冷却器

年代：1731—1732年
材质：银
产地：法国巴黎
现展陈于冬宫博-楼亚历山大厅

镀金元帅杖

年代：1915 年
材质：银，木，天鹅绒，珐琅，镀金等
产地：德国
现展陈于冬宫博一楼元帅大厅

普鲁士国王威廉二世赠送给弗里德里希（Friedrich）大公的元帅杖，以纪念加利西亚（Galicia）的胜利。

镀金指挥棒局部

银镀金隼形杯

年代：1600—1620 年
材质：银，镀金
产地：德国托尔高（Torgau）
现展陈于冬宫博一楼亚历山大厅

宝石镶嵌金质手执镜正面

宝石镶嵌金质手执镜背面

年代：18 世纪中叶
材质：金，银，钻石，红宝石等
产地：英国伦敦
现展陈于冬宫博海军总部分馆展厅

金质陶瓷餐具

材质：金，瓷器等
现展陈于冬宫博海军总部分馆展厅

❀ 玻璃器类

人类使用玻璃的历史很长，最早可追溯到古埃及时期。考古证明，古埃及人大约在公元前3000年就已经制作出了简单的玻璃，距今约有5000年的历史。

而世界上最早的玻璃实际上是大自然的产物——火山岩浆的喷发、闪电击中了的沙漠等等，都会出现高温将沙子融化的现象。沙子在高温的作用下产生了结晶，也即玻璃。只不过这种玻璃，杂质含量较高，不是我们现在所看到的明亮透彻的样子。

描金水晶杯碟
年代：18世纪晚期
材质：玻璃，金
产地：俄罗斯皇家玻璃厂
现展陈于冬宫博一楼俄罗斯艺术展厅

制造玻璃需要一些必要的条件，如高温、石英砂、石灰石等。由于高温要达到1200℃以上的条件，因此限制了古人对玻璃的生产。

公元4世纪前后，古罗马人在玻璃制造工艺上取得了重大突破，他们发明了用泡碱做助熔剂，降低了熔化沙子所需要的温度，使得玻璃的制造成本大大降低，玻璃制品自此得以规模化生产。由此，玻璃制品逐渐地不再是稀罕之物。也因此，我们现在在博物馆里所看到的玻璃制品，要么它是古代珍稀之物，要么它具有特别重要的历史价值、艺术价值或科学价值，否则别想进入博物馆，尤其是像"四大"这样的著名博物馆。

但是，也有例外。万一这博物馆是皇上自家建的，又万一皇上喜欢玻璃这一口儿，那就谁也管不着、拉不住了。嗯，事实就是这样，俄罗斯最伟大、盖世的彼得大帝就偏好玻璃这一口儿，俄罗斯皇家玻璃制品厂就是因此而建，俄罗斯的玻璃工艺也因此得以蓬勃发展。而我们现在在冬宫博中所看到的大部分精美玻璃器物就来自皇家玻璃厂。这正应了那句："爱一个人，倾一座城。"（彼得大帝是恋一件物，建一座厂。）自古帝王们从来就是想干啥，奏（就）干啥！

描金彩色玻璃酒瓶

年代：18世纪下半叶
材质：锰玻璃，金
工艺：吹制，抛光等
产地：俄罗斯皇家玻璃厂
现展陈于冬宫博一楼俄罗斯艺术展厅

描金有盖高脚彩色玻璃杯

年代：18世纪下半叶
材质：锰玻璃，金
规格：高26厘米
工艺：吹制，抛光等
产地：俄罗斯皇家玻璃厂
现展陈于冬宫博一楼俄罗斯艺术展厅

18世纪，俄罗斯科学之父、科学家米哈伊尔·瓦西里耶维奇·罗莫诺索夫(Mikhail Vasilevich Lomonosov，1711—1765)发明了彩色玻璃。皇家玻璃厂由此制作了"描金彩色玻璃酒瓶"一类的彩色玻璃制品。

18世纪后期，皇家玻璃厂的玻璃制作工艺与技术发生了根本的变化。表现在产品上，出现了薄而透明的流线型款式，并在其上附加了金银等装饰，例如金银饰酒瓶与酒杯套具。

🏵 木雕类

木雕饰镀金高架花盆

材质：木、铜
工艺：镀金
现展陈于冬宫博一楼俄罗斯艺术展厅

木雕饰镀金高架花盆局部

俄罗斯是世界第一大木材储量国。作为木材大国，俄罗斯的木制工艺具有相当高的水平，其最著名的木艺套娃、木雕制品几乎成了俄罗斯的国家名片。

冬宫博中有很多跟木有关的宝物，它们或是全木质，或是以木作为材质的一部分（如木雕饰镀金高架花盆），也或者只是以木作为局部的装饰……总之，它们或多或少都跟木沾点边儿，我们姑且都把它们归在木类，作为"木艺品"来展现它们的精彩。

什么是木雕？

以木为材质进行艺术创作的技艺，称为"木艺"或"木雕"。

木雕分为圆雕、浮雕以及根雕三大类。

圆雕： 可多角度、多方位欣赏的雕塑谓之"圆雕"。

浮雕： 在具有一定厚度的材质上通过纵深凹凸变化，或不同深度的层次关系来表现艺术形象的一种雕刻手法。浮雕适合正面观看。

圆雕与浮雕的艺术作品在博物馆、艺术馆，甚至是街巷、公园中较为常见。

根雕： 依树根的自然形态进行艺术创作的雕刻手法。根雕较常见于各种工艺品商店或是文人雅士之家。

木雕由于本身材质的原因并不适合长久保存，这也是我们在博物馆中看到的木雕藏品远远少于石雕藏品的原因。

雕刻有基督生活场景的祭坛木雕
作者：安特卫普（Antwerp）
年代：16世纪早期
材质：橡木

与多数博物馆不同的是，冬宫博的一些绘画作品不是挂在水泥墙上，而是挂在木制的墙上，彰显了森林大国之"材"多气粗。

❀ 瓷器类

描金彩瓷

年代：1780—1796年 / 材质：瓷 / 工艺：釉上彩，釉下彩，描金 / 产地：圣彼得堡皇家御瓷厂 / 现展陈于冬宫博一楼俄罗斯艺术展厅

冬宫博收藏有近10000件俄罗斯本土产瓷器，它们勾勒出了一部近乎完整的俄罗斯瓷器史。

追溯俄罗斯的瓷器史，其第一家官窑瓷厂建于1774年，距今约有250年的历史。

18世纪中叶，由于中国、德国的瓷器价格昂贵，且各国又把瓷器的生产工艺视为最高机密，迫使俄罗斯化学家维诺格拉多夫（D.I.Vinogradov，1720—1758）不得不自己着手研究瓷器的制作。1747年，经过大约3年的研究与试制，维诺格拉多夫终于**制作出了俄产的第一件瓷器**。之后，在圣彼得堡和莫斯科近郊陆续建造了一些官窑和民窑。这些瓷窑出产的部分精品瓷器现在就收藏于冬宫博中。

除此之外，冬宫博也收藏有众多欧洲各地生产的精美瓷器。

描金彩瓷

年代：1777—1788 年
材质：瓷
工艺：釉上彩，描金
现展陈于冬宫博一楼俄罗斯艺术展厅

描金彩瓷

年代：1756 年
材质：瓷
工艺：彩绘，描金
现展陈于冬宫博一楼法国艺术展厅

大象彩瓷摆件

年代：1730—1740 年
材质：瓷，银
产地：奥地利维也纳瓷厂
现展陈于冬宫博海军总部分馆展厅

描金彩瓷

年代：1845 年
材质：瓷，彩绘
工艺：釉上彩与釉下彩，描金
产地：英国
现展陈于冬宫博海军总部分馆展厅

彩绘瓷碗

年代：1560 年
材质：瓷
产地：意大利法恩莎（Faenza）工作坊
现展陈于冬宫博一楼意大利艺术展厅

《酒神的童年》釉陶碗

年代：1640 年
材质：多彩釉陶
产地：法国
现展陈于冬宫博一楼法国15—18世纪艺术展厅

游蛇浮雕釉陶盘

年代：1560 年
材质：彩釉陶
产地：法国
现展陈于冬宫博一楼法国15—18世纪艺术展厅

《冬天的老人》瓷胸像

年代：1740 年
材质：瓷
产地：法国鲁昂
现展陈于冬宫博一楼法国15—18世纪艺术展厅

俄罗斯采风记

ELUOSI

CAIFENG JI

前面,我们在冬宫博物馆中欣赏了俄罗斯收藏的来自世界各地的珍奇宝物。接下来,我们将以采风的形式一起走进被誉为俄罗斯的心脏与象征的克里姆林宫,以及俄罗斯人的精神家园——红场,去实地感受属于俄罗斯本土、本民族最辉煌、最深重、最具代表性的历史印迹。

俄国人把克里姆林宫藏哪儿了？
二战时德军轰炸莫斯科竟没找到它

克里姆林宫一隅

克里姆林宫是俄罗斯的心脏与象征，是国家最高权力机关和总统府所在地；是俄罗斯历史上莫斯科大公以及历任沙皇的皇宫所在地（少数历史时期除外）；是世界五大著名宫殿之一。它拥有俄罗斯最古老璀璨的宫殿建筑群，珍藏有自公元前3000年至近代20世纪俄罗斯历史长河中最瑰丽的国家宝藏。这些宫殿建筑群及其藏品共同组成了庞大的克里姆林宫博物馆，它是目前世界上最大、最奢华的博物馆之一，拥有世界上最大（重）的铜钟、世界上口径最大的火炮……

没到过克里姆林宫你就不算到过俄罗斯。

钟王

克里姆林宫的"钟王"作为世界上最大（重）的铜钟，从它诞生的那天起就一直蹲在它被浇铸的大坑（铸造坑）里——因为没有工具（设施）可以把它"提"上来。它在里面蹲了100年，其间因为意外失火还导致了部分钟体脱落（如图）。直到1836年，一位法国建筑师运用起重装置成功将它吊出来。

炮王

　　1586年，宫廷铸造师受沙皇费奥多尔·伊万诺维奇之命铸造此火炮。其口径为890毫米，重约40吨，青铜质，炮筒上装饰有浮雕、铭文以及沙皇费奥多尔的骑马像，是迄今为止世界上口径最大的火炮，体现了16世纪俄罗斯武器制造工艺的高水准。现藏俄罗斯克里姆林宫博物馆，俄罗斯国宝级文物。

克里姆林宫一隅

"кремль（克里姆林）"，俄语意为"内城"。

11—12世纪，斯拉夫人在博罗维茨基山岗上建立起居住点；之后，逐渐建立莫斯科公国。博罗维茨基山岗即为现在克里姆林宫所在地的原始雏形。

14世纪上半叶，莫斯科大公伊凡一世等在博罗维茨基山顶建造了最初的几座白石教堂（现已毁失），奠定了"克里姆林宫"最初的雏形与格局。人们称其为"кремль"——内城。

15世纪末至16世纪初，莫斯科成为首都。莫斯科大公伊凡三世在克里姆林建造了气派的大公官邸，并在老教堂原址上建造了雄伟恢宏的新教堂。

现在，克里姆林宫"кремль"已成为专有名词，专指俄罗斯国家最高权力机关和总统府的所在地。

克里姆林宫，1990年被联合国教科文组织列为世界文化遗产名录。

克里姆林宫一隅

克里姆林宫内主要建筑：

圣母升天大教堂，天使报喜大教堂，天使长大教堂，伊凡雷帝钟楼，总统府，大克里姆林宫等。

天使报喜大教堂

天使报喜大教堂，建于1484—1489年。教堂内现珍藏有圣物、圣像画、古书以及珍贵器皿等。

圣母升天大教堂

圣母升天大教堂，建于1474—1479年。它被誉为俄罗斯"第一教堂"，帝王加冕仪式、皇家婚礼以及东正教大牧首的任命仪式等都在此教堂举行。

1917年十月革命后，圣母升天大教堂成为博物馆，馆内展示有众多世界上独一无二的俄罗斯中世纪绘画艺术品。

天使长大教堂

天使长大教堂，建于1505—1508年。主要为王公教堂，是王公们的成功守护神，王公们出征前会来此祈祷。教堂内存放有莫斯科大公家族陵寝，每有新沙皇上任便会率众来此大教堂祭拜祖先。

伊凡雷帝钟楼建筑群

伊凡雷帝钟楼建筑群，始建于1505，至1815年历时3个多世纪建成。其中凡雷帝钟楼是克里姆林宫最高建筑，高81米。

伊凡雷帝钟楼内设有博物馆，展有克姆林宫建筑群有关的历史文物。

大克里姆林宫

大克里姆林宫，历代沙皇皇宫；其内部奢华富丽，楼顶旗杆现竖有俄罗斯国旗。

克里姆林宫花园一隅

克里姆林宫内除了建有众多的教堂、宫殿、军械库以及办公建筑外，还带有一个很大的花园，其中红肥绿瘦四季不衰。

351

各位看了上面的介绍，除了了解到克里姆林宫的由来以及部分建筑的历史，是不是还感觉到了——克里姆林宫好大！建筑好巍峨！

然而，就是这样一个占地面积约27万平方米，宫墙围长近2.3公里，围墙厚度6米、高度14米，内有众多建筑群的庞然大物，在二战期间，德军飞行员数度飞临莫斯科上空欲将其炸毁，结果却是**"没有找到目标！"**……

怎么回事？

如此庞大的建筑群，如此熠熠生辉的百十个"洋葱头"，它们究竟被藏到哪儿去了呢？

克里姆林宫建筑局部

原来，克里姆林宫被俄国人精心伪装了起来。

二战时期，克里姆林宫是苏联政府机关所在地，也是德军轰炸莫斯科的主要目标之一。俄国人自然知道克宫的重要性和危险性，因此提前为它做了安保措施——改变建筑外观颜色（重新粉刷）、消除建筑顶部十字架与红星的闪光（套上麻布）、宫内格局"魔法大变"（增加假桥、假路、假建筑），甚至连宫墙外部的周边环境也被做了乾坤大挪移……德军飞行员在莫斯科上空绕啊绕、找呀找，就是找不到。

就这样，克里姆林宫在二战中被幸运地保护下来，仅受到了些"擦破皮儿"的小损伤。

最后，特别要提醒大家的是，克里姆林宫的皇宫博物馆（图中的尖顶红色建筑），它，无与伦比的精彩！你能想象的奢华和你无法想象的奢华，都在这里了，走过路过绝对不能错过。

克里姆林宫皇宫博物馆

俄罗斯教堂建筑顶端的"洋葱头"有什么寓意？

莫斯科的红场是俄罗斯的国家名片，是俄罗斯的象征，其每年一度的阅兵式使它一次次成为世界瞩目的焦点。世界各地来俄罗斯的观光客无不把红场作为必去的俄罗斯名胜之首选。

走进了红场就走进了俄罗斯人的精神家园。

红场是一座长方形广场，其南北长约695米，东西宽约130米，面积为9万余平方米。红场四周的建筑个个都跻身世界最著名建筑之列。

圣瓦西里升天大教堂

    红场最南端的建筑是**圣瓦西里升天大教堂**，其极富个性的塔楼设计及其缤纷艳丽的圆顶，让所有到过这里的人流连忘返，难以忘怀。说它是世界上最令人过目不忘的建筑之一绝非夸张。它被赞誉为"俄罗斯最美丽的教堂"。

红场最北端的建筑是**俄罗斯国家历史博物馆**。它不仅建筑风格极具俄罗斯尖塔、三角檐以及圆拱窗的特色,更重要的是这里收藏有数以百万计的俄罗斯历史文化遗珍,是了解俄罗斯历史文化的重要场所。

俄罗斯国家历史博物馆

俄罗斯国立百货商场

红场的东侧是俄罗斯国立百货商场，也称"古姆（Гум）商场"（Гум，俄语意为"国立百货商场"）。

古姆商场始建于1893年。我们今天看到的是它1953年在原基础上改建后的样貌。古姆商场的建筑长度与整个红场的长度等长——将近**700米**！这个规模即使放在当今世界也是相当令人惊羡了，更何况是100年前。

克里姆林宫红墙

红场的西侧是克里姆林宫紧邻红场一侧的围墙，高约14米。

圣瓦西里升天大教堂（南）、俄罗斯国家历史博物馆（北）、俄罗斯国立百货商场（东）、克里姆林宫红墙（西）共同组成了红场四边的围广场建筑，它们是俄罗斯历史的见证者，也是俄罗斯最珍贵的历史文化遗产。

本篇，我们先来观览和了解位于广场南侧、被誉为世界上最有特色的建筑之一的圣瓦西里升天大教堂。

❈ 圣瓦西里升天大教堂的由来

圣瓦西里升天大教堂（以下简称"瓦西里大教堂"）以其绚丽缤纷的色彩与活泼特异的造型，给每一位到过红场的人留下了极为深刻的印象，其所在地更是俄罗斯最具人气的观光胜地之一。

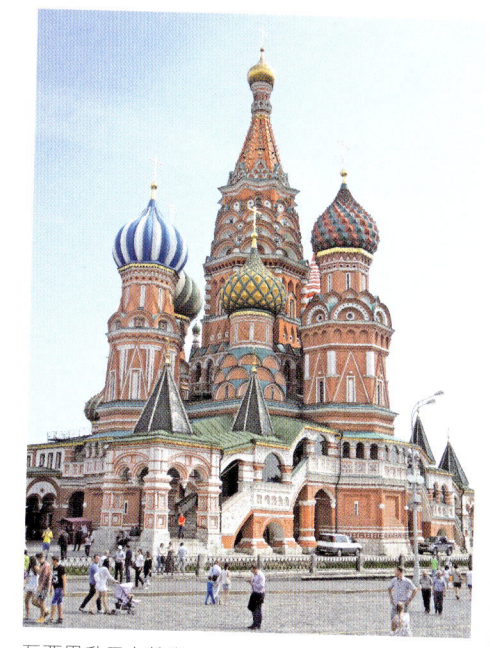

瓦西里升天大教堂

瓦西里大教堂始建于公元1555年，当时的统治者伊凡雷帝为了纪念俄罗斯军队战胜喀山汗国，下令建造了该教堂。公元1561年教堂落成，并成为16世纪俄罗斯建筑的代表之作。由于伊凡雷帝非常信赖一位名叫"瓦西里"的修道士，故以其名命名了这座教堂。

瓦西里大教堂由1座中央主塔和8座围塔以及底部回廊共同组成。中央主塔象征了上帝的至高无上，周围的8座围塔簇拥着主塔且各塔塔门都朝向主塔底部的回廊。传说设计8座围塔是因为喀山汗国之战，俄罗斯人的胜利曾得到了8位圣人的帮助，故建此八塔以示纪念。另外，设计师们在做建筑设计时也常常会将多个寓意（理念）融汇于一体，瓦西里大教堂的九塔结构不仅有它的宗教含义，同时也包含了俄罗斯人拥戴帝王、团结一致共同对敌的政治意义。

瓦西里大教堂是世界建筑史上的杰作与珍品，其亮丽的外表、别致的风格成就了它独一无二的建筑特色。传说为了让这座奇丽的建筑能够旷世绝美，其建造者伊凡雷帝下令弄瞎了建筑师的双眼，以防其再度设计出更美的建筑。

❈ 圣瓦西里升天大教堂造型特点

瓦西里大教堂之所以能够成为令世人瞩目的建筑明星（杰作），很大程度上是因为它独特的色彩与造型。

其造型特点：

1. 圆顶。瓦西里大教堂属东正教（拜占庭）建筑风格：高大端正、浑厚雄伟、尖塔高矗、主建筑顶端立有圆顶（俗称"洋葱圆顶"）等，其中"洋葱圆顶"是俄罗斯东正教堂最为显著的特征。

2. 尖塔。尖塔的设计一方面是因为俄罗斯气候寒冷，冬季较长，陡峭的尖塔可以避免建筑上的积雪；另一方面，高耸的尖塔给人以油然而生的敬畏与崇敬之感，是宗教建筑常见的建筑形式。

瓦西里大教堂的圆顶和尖塔

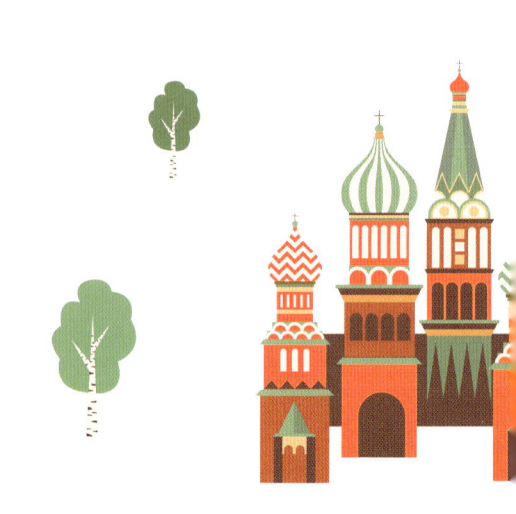

❀ "洋葱头"圆顶象征了什么？

洋葱头形圆顶建筑，在归类上属于圆顶建筑。其建筑圆顶的外观为独特的洋葱头形，即圆球直径大于下方鼓座直径的一种圆顶造型，俗称"洋葱头圆顶"。

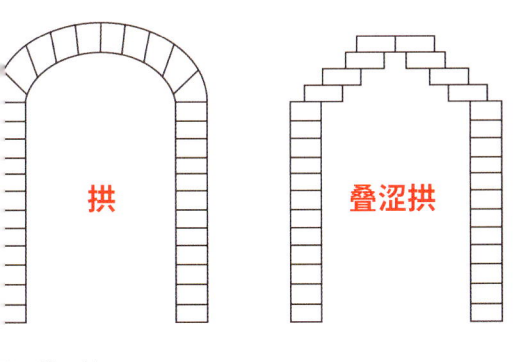

梵蒂冈圣彼得大教堂

拱　　叠涩拱

叠涩拱示例图

圆顶，是一种常见的建筑结构，它就像是一个半圆的空心球被扣在了建筑的顶端（相当于房盖儿、房顶）。世界最著名十大教堂中排名第一的梵蒂冈圣彼得大教堂，其顶部就是圆顶结构。类似这样的圆顶建筑，在欧洲随处可见。

圆顶，在建筑学中有着悠久的历史，早在史前时期，圆顶的前世——**叠涩拱**就已经惜现。

361

叠涩拱，指用砖（石）层层堆叠（错位）向内收并最终在中线合拢而形成的拱。考古学家在古代美索不达米亚、古埃及以及古希腊等地区的建筑物或坟墓中都发现了早期的叠涩拱。

叠涩拱与我们现在所说的真正的拱在砖（石）的堆叠上有所不同。真正的拱，其拱上的砖（石）是斜搭在前一块砖（石）上且一直到中间处才转为垂直。拱的发明，解决了建筑大跨度的空间问题。早期的叠涩拱就被用作支撑墓室的屋顶。

拱门、拱顶、穹顶这样的建筑形式因为建筑难度较大，故而之前很少被采用到建筑中，直到**罗马人发明了混凝土后**，才使建筑的形状从传统的石头和砖材料中解放出来，使得大规模地建造圆顶建筑成为可能。圆顶建筑最著名的范例是意大利的罗马万神殿，**它是迄今为止最大的混凝土（无钢筋）建造的圆顶建筑**。

罗马人利用圆顶技术修建神庙，不仅增大了神庙的内部空间，同时还营造出了一种神秘空灵的宗教氛围。之后，圆顶建筑在欧洲各地不断地被发扬光大。

随着建筑技术革命的不断创新，更大跨度的穹顶建筑圣索菲亚大教堂在土耳其伊斯坦布尔被成功建造，它标志着圆顶建筑达到了一个新的高峰，进而影响到拜占庭建筑的走向。

土耳其圣索菲亚大教堂

　　圣索菲亚大教堂因巨大的圆顶而闻名于世，是一座在世界建筑史上留下盛名的拜占庭建筑，距今已逾1500年历史。

俄罗斯圣彼得堡滴血大教堂

公元10世纪，俄罗斯从拜占庭引入东正教。俄罗斯教堂建筑也从拜占庭建筑中汲取了圆顶技术并加入了个性化元素，从而形成了独特的洋葱头形多圆顶建筑风格。俄罗斯人把教堂上的圆顶设计成洋葱头形，意在象征它如同一支支燃烧的蜡烛（火焰），将人们的祈愿伴随着这燃烧的火焰一起升上天庭，上达给天神……

瓦西里大教堂大概是这个世界上最色彩斑斓、造型别致的教堂，很多人形象地称其为"棒棒糖"教堂、"童话城堡教堂"……是的，它看上去很像是一座童话中的城堡，美丽活泼又充满了神秘感。或许，你现在心里有个疑问：教堂建筑不应该是端庄肃穆的吗？为何瓦西里大教堂却如此色彩明艳、欢乐喜庆呢？因为，它是为庆祝喀山战争胜利而建，因此在它的设计中不仅有宗教含义、政治意义，也融进了欢快的节日气氛。

现在，瓦西里大教堂作为国家历史博物馆的分馆，展示有众多16世纪前后精美的教堂祭坛画。

圣瓦西里升天大教堂局部

俄罗斯最大的百货商场里这样卖自行车，太酷了！

古姆商场

古姆商场是俄罗斯最大的百货商场，也是世界十大著名百货商场之一。单从建筑的角度说，古姆商场比其他著名商场更具规模和贵族气质。

像所有的综合性大商场一样，古姆商场的商品包括了吃、喝、穿、用等物品，琳琅满目，应有尽有。

古姆商场中的俄罗斯特色商品——木雕工艺品。俄罗斯特产中，辰馆最爱的就是这种人形木雕，几乎见一个爱一个。

地球村的时代，世界各地的大商场都逃不过世界顶级品牌的强势进攻，古姆商场也不例外，各种世界级的奢侈品、名烟、名酒、名包统统相聚在这里。

鞋店橱窗

瓷器店橱窗

摄影器材店橱窗，入戏太深有没有。

尽管地球村时代世界各地的大商场内容形式上都差不多，但古姆商场却依然有着自己独特的个性：它的橱窗设计很让人眼前一亮——情景代入式。

最令人亢奋的是商场长廊通道上的汽车展示。太酷了!

而最让我惊喜、惊奇、惊叹与惊讶的是生活中最普通的自行车，在这里竟然是这样被展示和出售的——自行车们在二楼的一圈围杆上妖娆地拗出了各种文艺造型。

　　见过自行车，没见过这么有范儿的自行车！

姆商场内景

古姆商场内景

近700米长的古姆商场，就像是一列长长的火车，里面的商铺就如同火车车厢，走进去逐个车厢挨着逛，倘若没有足够的时间、没有一定的体力，你还真逛不下来。好在各车厢都有出口，随时可以撤退；或者也可以在随处可见的小吃店、餐饮店里小餐一顿，站起来抹抹嘴接着逛！

最后悄悄地告诉你：古姆商场东南角有一家餐馆，好吃、不贵、食品丰富且非常适合中国游客的口味。店名没记住，到饭点儿了你直奔东南角，没错的！

藏在俄罗斯套娃里的秘密，
你只有买了才知道

俄罗斯套娃

套娃是俄罗斯的传统手工艺制品，是俄罗斯最具民族特色的产品之一。无论是去俄罗斯旅行的游客还是俄罗斯本地人，都对这种美丽可爱、妙趣横生的木制玩具（娃娃）充满了喜爱，他们或把它作为手信送给亲朋好友，或摆放在家中乐享其妙。

套娃通常由一组五到十几、二十个数量不等的相同图案的空心木制娃娃组成。这些娃娃从大到小、一个比一个小，由于是空心的，因此最大的木娃娃可以套住次大的木娃娃，次大的又可以套住比它略小的……以此类推，所有的木娃娃最后都依次被套在了比它大一号的木娃娃里。也就是说，如果**你买了一个套娃，那么从表面上看你手里捧着的只是那个最大的木娃娃**，其余的则按大小顺序依次被套进了比它大一圈的木娃娃里。（这种玩具非常适合做旅行手信，不占体积，内容量却超乎想象的大。）

❀ 套娃的由来

关于套娃的由来，传说的版本很多，在这一点上它跟神话故事、民间传说的形成类似，都是在最初原始故事的基础上根据不同地区、民族、社会以及民风、民俗等具体需要加以删减与修饰，最后变成了不同版本的故事（神话、传说）。分享其中两个版本。

版本一： 曾经，在俄罗斯的某个乡村有两户表亲相邻而居。表哥、表妹两小无猜，青梅竹马，一起长大。后来，表哥外出谋生，每天对表妹日夜思念，于是他就用木头刻了一个美丽的姑娘以解相思之情。之后，他每年都会刻一个稍大一点的木娃娃，因为表妹一年年在长大。

终于有一天，表哥回到家乡见到了自己心爱的表妹，他深情地把"套娃"送给了表妹……

之后，因为这个美好的故事以及套娃本身的妙趣，套娃便在俄罗斯流行开来，进而传遍了全世界。

版本二： "套娃"，俄语为"матрёшка"，与俄语中的"母亲（матb）"同词根。因此"套娃"的由来也被传说为象征母亲和她的孩子们，寓意人丁兴旺、生活美满。（有俄文词意做背书，想来有一定的可信度。）

❀ 制作套娃的材料

俄罗斯广袤的森林资源为制作木制工艺品提供了得天独厚的条件。

套娃通常采用椴木（或桦木）作为制作原料。

椴木的特点：纹路细、重量轻、材色浅、易着色、不易开裂……这些特点使它成为木制工艺品的上好材料。尤其是重量轻的特点，最适合制作手信产品。

❀ 套娃特色

每一个国家的特产都必然带有其浓郁的民族特色。对于俄罗斯套娃来说，其美丽的服饰包括别具风情的头巾，正是俄罗斯传统民族服装的完美展现，其民族属性一眼即识。

26件套套娃

❀ 选购套娃

套娃是木制工艺品，因此在选购上需要重点注意以下几个方面：

1. 木质。市面上的套娃价格从几十到几千不等。同样大小的套娃价格也相差悬殊。原因之一：质地不同，普通木材容易开裂、掉色，自然价格就低。

2. 色彩。好的套娃是纯手工绘制，看上去会有些"粗糙"的痕迹，尽管如此但它却是艺术品。而价格低廉的套娃多为机器喷绘，大锅饭与小灶精炒的品质肯定是不一样的。

3. 工艺。套娃的制作通常要经过选材、旋空、雕刻、成型、描绘、烫金等几十道工序。质量上乘的套娃制作工艺讲究，因此价格也比较昂贵，通常需要2000元人民币左右。因此，根据价格就能大致判断出该套娃的质量档次。

最后，我们来看看套娃中究竟藏着什么秘密！

当我们把套娃从大到小一个一个依次打开时，由于不知道其中一共藏有多少个木娃娃，因此在这个过程中，无论大人与孩子都充满了期待、新奇与欢乐的心情。而套娃的秘密正在于此：为人们的生活带去新奇与快乐！